性《セックス》について本当のことを知りたい

尾山令仁 著

羊群社

はじめに

この表題に引かれて、この本を読み始め、当てが外れたと言って、がっかりする人もいるかもしれません。しかし、どんな動機からこの本を読んだとしても、性について本当のことが分って感謝すると言われる多くの人のために、この本は書かれました。

人間が男であるか女であるかということの厳然たる事実を、私たちは無視することはできないのに、そのことについては小学校から大学に至るまで、全く教えられてきませんでした。小学校上級から中学校あたりで、「性教育」と称し、男性と女性の性器の違いや、どうしたら子供が出来るのかということぐらいは教えられたとしても、それは性を肉体の面に限定し、その機能について教えるだけであって、性とは何かという性の本質や意味については全く触れられません。

私たちが男として、また女として生れてきたことについては、本人の意志とは関係なしにそれが決められているのです。ですから、そういうことについては、私たちがいくら理性を駆使して考えても、結論が出ることではありません。私たちを男として、また女として生れてくるように決定づけられる神に聴く以外にはありません。つまり、これは深く宗教に関係している事柄なのです。一概に宗教とは言っても、女性の教育を禁止するような宗教もありますから、どれでもよいわけではありません。近代における女性解放運動の源泉となった聖書の宗教でなければなりません。

今日、性の乱れが一般化し、これがわが国を滅ぼしかねない現状を憂える者として、私はこの本を書きました。この本が多くの若い人々に正しく生きる指針となればと心から望むものです。そうしてわが国の未来に大きな希望を与えるようになればと強く願ってやみません。

二〇一四年一一月三〇日

尾山令仁

目次

第一章　性（セックス）について

○私たちはなぜ、男か女に生まれてきたのでしょうか？

人間はだれでも男か女かであって、男でも女でもない人間など一人もおりません。

つまり、男という人間か女という人間しか存在しないのであって、性を持たない人などいないのです。

本来、男として生まれてきた人は、一生涯男として生き、女として生まれてきた人は、一生涯女として生き通します。

人間が男か女としてこの世に生存しているという事実について、私たちはほとんど考えてみようとしません。「そんなこと当たり前じゃないか」と思っているのです。

しかし、考えてみると、人間が男か女でしかないということは、本当に不思議なことではないでしょうか。

○女性は今の世の中では不利？

今日、女として生まれてきたことについて、生きがいを感じないどころか、何か貧乏クジを引いてしまったと感じている人が少なからずいます。

たとえば学生時代には、親は男の子よりも女の子に、帰宅時間を守るようにうるさく言いますし、ほかの家に泊まることも許してくれません。もちろんそれは、親が娘のことを思う親心からですが、娘の側からすれば、男の兄弟との違いを差別と受け取りやすいのです。

また、学校を卒業して就職するときも、男性には広く開かれた就職口が、女性にはかなり制限され、自分より成績の悪かった男性のほうは就職が決まっても、女性の就職はなかなか決まりません。企業や職場の言い分としては、結婚すれば辞めていく女性のために多額の教育費を使いたくないというわけです。

そして結婚し、子供が生まれるようになると、産休を取るか、仕事を辞めるかしなければなりません。それに反し、男性のほうは相変わらず仕事を続けることができます。

女性として生まれてきて損をしたという思いを抱いたとしても、いたしかたない環境がそろっているのです。

○あなたが男・女として生まれたのは偶然ではありません

しかしながら、女性でなければできない仕事があり、偶然ではない「召し」によって、その働きのために女性に生まれたとするなら、そこに生きがいを見出せるのではないでしょうか。

私たちが男として、あるいは女として生まれてくるということを考えるとき、私たちは、自分の意思だけで決めることができないものがあるということに気づかされます。

では、いったいだれが、男か、女かに決めたのでしょうか。

親でしょうか。親はもしかしたら、次に生まれてくる子供を、その前の子とは反対の性でと考えていたかもしれません。

私の知っている人で、六人姉妹の人がおりますが、親は「今度こそ男であるように」と願ったのに、生まれてきた子供は六人とも女の子だったということでした。

親の意思によって性別が決まるわけではないことは明らかでしょう。


人間が男か女としてこの世に生存しているという事実は、私たちが自分で選んだのでも、親や自然の確率論でもなく、そのように人間をお造りになった存在がいるということを示しています。

つまり、私たちの創造主である方が、私たちを、男として、また女として、召してくださったのだという、「性への召し」があってのことなのです。そのことがわかって初めて、男の生きがい、女の生きがいが生まれてくるはずです。

○ゆがめられた「性」＝「セックス」

ここで、もう一つ覚えておきたいことは、「性」という問題を、決して不真面目なこととして考えてはなりません。不真面目どころか、創造主である神が、私たち人間を男とし、また女として造られたということから、きわめて真面目な問題であって、いい加減に扱ってはならないものなのです。

「性」の問題を不真面目なことと考える人は、こうしたことがよくわかっていないのと、その人自身の態度が不真面目である場合が多いのです。私たちは、「性」の問題を、神の創造の秘義として真面目に考えてみなければなりません。

性について間違った考え方があることを、私たちは認めなければなりません。しかしそれは、性について正しく教えられたことがないことと、それを真面目に考えようという機会がないことに起因しているように思います。

私たちは、家庭においても、学校においても、また社会においても、「性」について正しく教えられたことがないのです。また、そうしたことは、恥ずかしいこととして、一種のタブーとされ、そこに触れる人間は、不真面目な低劣な人間だという考え方が一般にできてしまっています。ですから、家庭でも、学校でも、職場でも、「性」について真面目な雰囲気の中で、真面目に取り上げられることはほとんどありません。もし取り上げたとしても、決まって低劣・卑わいなもので、わい談に終始してしまいます。

つまり、性欲とか性器に関することを、人々は「性」＝「セックス」と考えているのです。

○私たちは「性」についてあまりにも無知です

現代のわが国では、ほとんどの人間が厳しい受験勉強から解放されて、大学に入ったり、社会人になったりして、自由にそうしたことを考える時間ができたときには、もはや「性」について、だれも正しくコーチしてくれる人はいません。

そして、世の中にあふれている刺激の強い情報をうのみにしてしまうのです。

「性」とは何なのか——という人間本来のきわめて大切な問題について、真正面から向き合おうとしなかった結果、「性」を性欲、つまり肉体の問題だけに限って見ようとしています。

「性」に対して何ら免疫性を持っていない現代の若者たちは、「性」＝「セックス」とは、肉体の「性」のことだと思い込んでいるのです。

現代ほど「性」が露出されていながら、実は「性」について正しくとらえられていない時代も、またないと言ってよいでしょう。

西欧では、ビクトリア朝の極度に露出を嫌った時代から、その反動とも言うべき露出趣味のビキニ・スタイル、ミニ・スカート時代へ、日本においては、終戦までの隠ぺい時代から、戦後の反動的なまでの露出狂時代へ移行し、常軌を逸しているように思われます。

今日の映画にしても、小説にしても、これでもか、これでもかと言わんばかりのあくどいキワモノの描写によって、チラリズムよりも、そのものずばりの描写となり、小説という小説は、男女間の官能を描写しなければ小説ではないかのような描き方をしています。そこにいたるまでの男女の苦悩のようなものを描いてはいるのですが、実は本物の性とはまったく違ったゆがめられた性を、しかも肉体とか官能という一部に限定して、それをただ拡大解釈しているにすぎないのです。

そこには、「性」とは何かという真面目な追究はなく、あるものは、ただれた男女間の肉体関係だけなのです。

戦後のわが国の文学者のいったいだれが、真に「全人間的な性」――これだけが本当の性であるはずです――を追究し、それを描き上げているでしょうか。

「全人間的な性」については、のちほど詳しく述べることにしますが、残念ながら、私はまだそのような作家には、ほとんどお目にかかっておりません。そして多くの人々は、映画や小説に表れているこのゆがんだ男女関係が、本当の男女のあり方だと思い違いをしているのです。

そういう意味で、現代ほど「性」について、盲目な時代はないでしょう。

しかしながら、よく考えてみると、わが国の歴史において、かつて本当に正しく「性」を考えた時代があったとは思えませんから、「性」の問題は、日本においてはまだ正しい取り組みがなされていないと言ってよいでしょう。

それもそのはず、「性」についての新しい取り組みは、「性」を神の創造の秘義としてとらえる聖書の宗教、つまりキリスト教において初めてなされうるからです。神道もそのほかすべての宗教も、女性は男性より一段低い男性の付属品ぐらいにしか考えておらず、正しい「性」の意義づけは行われていないからです。

○ふさわしい助け手とは?

すべての人間が、男か女であるという事実を、私たちはどのように考えたらよいのでしょうか。それは単に肉体的特徴の相違という考え方で十分なのでしょうか。

ある人々は性格や心理の相違を指摘します。これらは、生理的相違、つまり男性ホルモンと女性ホルモンの配合具合の相違以上のものがあります。

たしかに、男女間の生体上の相違から、性格・心理・機能の相違は導きだされてくるでしょう。しかし、そうした相違が何のために存在しているのか、という意味や目的までは、導きだされるものではありません。

それは、神が最初に人間を男と女とにお造りになったという創造の秘義にさかのぼり、そこに求められなければならないのです。

神は、最初に男をお造りになり、次いで男のために「ふさわしい助け手」として女をお造りになりました。これは、聖書の言葉（以下、「御言葉（みことば）」と表現します）として、最初に記されています（創世記2・18）。

この「ふさわしい助け手」とは、決して男の補助的な役割という意味ではありません。「助け手」という言葉は、聖書においては、すべて「神」について用いられています。

たとえば、詩篇121篇1～2節に出てくる次の御言葉を見れば、そのことがよくわかると思います。

「私は山に向かって目を上げる。私の助けはどこから来るのだろうか。私の助けは、天地を造られた主から来る。」

つまり、男性にとっても女性にとっても、それぞれが互いに全人間的に――精神的にも肉体的にも――助け補い、支えてくれる存在であって、女性が男性よりも一段劣っているという意味ではありません。

このことから、神が人間をお造りになったとき、ただの人間としてではなく、「男と女として造られた」（創世記1・27）のは、第一に男と女がお互いに助け合って、宗教的使命・社会的使命・個人的使命を果たし、神の栄光を現し、真に住みよい世の中を作りだしていくためでした。

もちろん、男同士・女同士の協力によってできることがあるのを否定するものではありませんが、神が人間を男と女とにお造りになったという事実は、男と女の協力なしには成し遂げられない使命を、神が人間にお与えになったのだということを物語っています。

そしてこれは単に結婚だけに限定される事柄ではなく、もっと広い男の使命・女の使命に基づく「男の生き方」「女の生き方」を意味します。

○男と女の違いを考えたことがありますか？

こうしたことを考えてきますと、私は、あまりにもうかつに、男とか女ということを長い間まともに考えてこなかったと反省させられます。結婚ということを抜きにしても、「男の生き方」「女の生き方」をもっと真面目に考えなければならないはずです。

多くの男性は、女性に魅力を感じながらも、何か女性をバカにしているような考え方を、潜在的に持っています。女性は女性で、男性のことを考えると、すぐに甘美な結婚の夢を描きやすいのです。

このように、男性も女性も、お互いの「性」について、真面目に考えてみようとしません。しかしながら、「性」という問題を人間本来のこととして、もっと真面目に考えることが、今日どれほど必要とされているかを知っていただきたいと思います。

男性と女性とが協力して、この世において使命を果たしていく場合、男性としての果たす役割、女性としての果たす役割というものがあります。男性は男性でなければできない働きをし、女性は女性でなければできない働きをするべきなのです。

男も女も、神によって「働くべきもの」として造られましたから、本来的に働くことにおいては共通のものを持っています。しかし、その働きの内容・種類が違いますから、男性と女性がお互いにそのことを自覚し合わなければならないのです。

男女同権ということが、男性の女性化、女性の男性化を意味しないことは、今さら申すまでもないことです。男も女も人間であるという点では同等の資格を持っています。神の御前（みまえ）に平等であり、政治・経済・学問・教育においても、すべて平等であるはずです。つまり、人間としての権利においては平等であるというのが、男女同権ということです。

さらに男女同権ということと、男女の働きの内容・種類の相違とは両立します。

男女は、人間としては同等ですが、その機能において異なっていることは、だれの目にも明らかです。どんなに時代が変わったところで、男が子供を産むようになることはありません。

子供を産むように造られている女性は、生まれながらにして母性を備えています。女の子がままごとでお人形を赤ん坊にしつらえて、一所懸命に母親のようなしぐさをしている姿を見るとき、私たちは、だれもこのことを疑うことはできません。女性は生まれながらにして、自分の愛情を、たとえ報いられることがなくても、他の人に降り注ぐことに深い満足と喜びを感じるように造られております。

ですから、女性の場合、育児とか教育といった細やかな愛情と献身を必要とする働きには最も適していると言えるわけですし、こうした働きは、どんなに重労働であっても、男性には向かないのです

このように、女性の場合は、だれかを愛することと献身的な働きをすることは得意ですが、とかく狭い視野に陥りやすい欠点を持っています。

一方で男性の場合は、広い視野に立って物事を見、考えることのできる性格を備えているた

め、自然、家庭内での育児とか教育ということよりも、社会に出て働くことに適するように造られています。

しかし、これは一般的に言っているだけで、男性よりもさらに広い視野で物事を見ることのできる女性がいることもまた事実ですし、その逆もまたしかりです。

○お互いの「性」を知ることから始めましょう

このような男女間の相違は、まだまだたくさんあるわけですが、それはちょうど長短相補うように造られていて、男性の足りないところは女性によって、女性の足りないところは男性によって補われ、完全な一つの働きができるようにされております。

神によって意図されたこうしたことを、まず正しく認識することが大切なのです。

外へ働きに出ている夫は、妻が一日じゅう家で遊んでいるかのように考えがちですが、家事という名で総称される育児、子供の教育・炊事・洗濯・掃除がいかに大変な仕事であり、また重労働であるかということは、十分に認識されなければなりません。

また妻は、「夫が仕事のことばかりに熱中しないで、自分にもっと優しくしてほしい」とか「家族のことをもっと考えてほしい」などと要求することがありますが、社会に出て働くということに、もっと深い理解がほしいと思います。と同時に、家族の者たちへの温かい思いやりもまた、夫にとって必要なことです。

男性にとっても女性にとっても、「男の生き方」「女の生き方」ということを、もっと真剣に考えてみる必要があるのではないでしょうか。

「性」が一面的にしかとらえられていない今日、特にそのことが真面目に反省されなければならないと思います。そうでないと、「性」の落とし穴は、たちどころに私たちを待ち構えていて、取り返しのつかないことになりかねないからです。

「性」が正しく自覚されること、これは今日、案外忘れられている、最も大事なことの一つではないかと思います。

第二章　性（セックス）についての自覚

○私たちは自分の「性」をいつ自覚するのでしょうか？

私たちが「性」の問題を考えるとき、肉体的な面だけがすべてだと思わないようにすることは大切です。

私たちが男性であったり、女性であったりするのは、肉体の面だけでなく、精神と肉体の両面を含んだ、全人間的な事柄なのです。

今日考えられている「性」は、実のところ人間の肉体における「性」を問題にしているにすぎません。それはゆがめられた「性」であって、正常な「性」でも、「性」のすべてでもないのです。

私たちは、本来の「性」の正しい意味を考え、この問題を追究していかなければなりません。

ですから、ここでは「性」を全人間的なものと理解し、そうした立場から「性」の問題を考えていこうと思います。それのみが、「性」の問題を正しく追究できる道筋だからです。

私たちがそれぞれ、男性なり女性なりという「性」を持った存在であるということを自覚するのは、いつごろからでしょうか。

もちろん小さな子供でも、生まれながらにして持っている肉体の「性」のシンボルによって、自分が男の子か女の子かということは知っています。しかしながら、自分を本当に男性として、また女性として自覚し始めるのは、もっとあとになります。早い子は別としても、普通は、青年前期あたりからです。

最近の子供は肉体的成長が早く、小学校上級生あたりから女の子は初潮を迎えますが、肉体上は女性としての機能を持つようになっても、精神的にはまだまだ子供です。むしろ、女の子よりも男の子のほうが、「性」の目覚めは早いと言われています。早い子は小学高学年のころからですが、普通は中学生あたりの青年前期になりますと、異性を敏感に感じ始めます。

このころの指導はきわめて大事なのですが、家庭でも学校でも、ほとんど何の指導もなされていないありさまです。生理上のことはタブーとされていて、そんなことに触れたがらない大人たちの無責任さが原因であると言ってよいでしょう。

もちろん、このころの指導が、単に生理上のことだけであってはなりません。「性」が全人間的なものであるということを考えれば、それは当然のことです。

今日のわが国では、この年頃の子供たちは大学の入学試験のため勉強漬けにされていて「性」の方面のことは抑圧せざるをえません。そんなことを少しでも考えていたら、大学入試の競争から追い落とされてしまうため、あえて気をそらせたり、無関心を装わせます。

しかし、「性」の目覚めに伴う、何とも言えないもやもやとした感情は、時として勉強への集中を妨げさせるほどなのです。

こうした気持ちを正常に発散させるためには、体を動かすことが有効なのですが、今日の日本では入試のためにはスポーツさえも禁じてしまいます。

こうして、性格的にもゆがめられた青年たちが、社会へ送りだされていることに、果たして何人の人が憂いを覚えているでしょうか。

○最も良い「性教育」とは？

青年たちが「性」について知ろうとするとき、いったいどこからその知識を得るのでしょうか。

たいていの場合は、コミックや週刊誌、スポーツ紙などを通してのゆがんだ知識なのです。「性」についての正しい教育の代わりに、生理としての「性」、官能としての「性」の情報にのみ込まれていくわけです。小説もテレビも、同様のことが言えます。

こうしたものから得る「性」の知識は、正常な全体としての「性」を教えるものではなく、ほぼ例外なしに官能に訴えるものばかりです。正しく教えられる機会を持たず、こうした垣間見によって知る「性」の知識から構成されるものが、その人の「性」の基礎になっていくとしたら、まことに恐ろしいことだと言わなければなりません。

「それでは、うちの子供にはどのような性教育をしたらよいのでしょうか」と、十代のお子さんを持つお父さん・お母さんは、すぐに質問されることでしょう。そして、「雄しべと雌しべの受粉によって花は実を結ぶ」というような性教育を連想されるかもしれません。しかしそれもまた、「性」に対する偏った考え方からの発想だと言わなければならないでしょう。

つまり、「性」を全人間的に考えていないのです。

最も良い性教育は、そのような技術や知識の伝授なのではありません。

教育の本質が技術や知識の伝授ではなく、むしろ人格の形成にあるとしたら、性教育においてもまったく同様です。両親の美しい人間関係こそ、子供たちにとっての最良の性教育であるということを覚えていただきたいと思います。

母親がいつも父親にいじめられているのを見て育った娘は、いつしか男性への限りない憎しみを身につけるでしょう。これは、最も悪い性教育なのです。こうして大きくなった女性が、女性としての健全な性格を身につけていなかったとしても当然です。

これは、男性の場合もまったく同様です。いつも母親に文句ばかり言われて小さくなっている父親を見て育った男の子は、女性に対する憎しみを身につけてしまいます。普通のときには何でもないように見えながら、女性に対する残忍さが時として犯罪などにつながっていく場合、両親の不仲に影響されているということが、往々にしてあるのです。

つまり両親のあり方が、そのまま性教育なのです。

両親が愛と信頼によって結ばれ、お互いに尊敬し合っている家庭で育った子供だけが、実は最も良い男性となり、また最も良い女性となる教育を受けていると言ってよいでしょう。

教育とは、実に人格同士の触れ合いを通して行われていくものなのです。

子を持つ親の責任は本当に大きいことを自覚しないわけにはいきません。父親は自分の仕事に没頭し、母親は少しばかり経済的に余裕があるために自分のやりたいことをやって、両親がすれ違いになっている家庭からは、非行少年や非行少女の出るわけがよくわかると思います。

また、子を持つ親の責任の重大さも考えないで結婚し、親としての義務も責任も果たそうとしない人は、実のところ結婚する資格さえもなかったのだと言っても決して言いすぎではないでしょう。

○男への召命・女への召命

ところで、今日果たして何人の人々が、結婚のためにこうした心の準備をしているでしょうか。愛している者同士が一緒になれば万事うまくいくとでも思っている甘い夢想者が、実に掃いて捨てるほどいるのです。

このように考えてきますと、私たちはどうやら一つのところに到達するのではないかと思います。

今日、「性の目覚め」という言葉がよく使われますが、子供たちが「性」に目覚めるあたりから、私たちは放任という形で「性」の問題へと突入してしまっているわけです。

「それでいいのか？」という疑問から、私は「性の召命（しょうめい）」とも言うべき自覚が、男性にも女性にも必要であるように思うのです。

つまり、具体的には、「男への召命」「女への召命」ということです。

前にも少し触れましたが、だれ一人として自分で男性、もしくは女性という「性」を選んでこの世に生まれてきた人はいないからです。

それならば、いったいだれが私を男性、もしくは女性としてこの世に生まれてこさせたのでしょうか。

親が意図的に男女を産み分けることはできないことも、すでに述べました。

確率論で偶然にそうなるのでしょうか。

これは、毎年生まれてくる赤ん坊は、男女の比率がほぼ同数であるという事実を考えてみるとよくわかります。年によって、子供の生まれてくる人数は違います。ある年は他の年と比べて、かなり多かったり少なかったりします。しかしながら、男女の比率はほぼ同じなのです。

たとえば、「丙午《ひのえうま》に生まれた女は夫殺し」という迷信から、この年の赤ん坊の数は極端に少ないことが多いのですが、そうしたときでも、少ないのは女の子だけでなく、男女の比率はほぼ同じなのです。

そうだとすると、私たちを男か女としてこの世に誕生させ、結婚するものとして意図的に造られた方がいると考える以外、説明のしようがありません。

私に命を与えてくださり、人間を男と女に造られた方、つまり、神が私たちをそれぞれ男性として、また女性として召しておられるのだということを知る必要があるわけです。

男性には男性としての使命というものがあり、女性には女性としての使命というものがあります。そして私たちは、この世に生を受けて以来、男性か女性かであるわけですが、「性の目覚め」を契機として、私たちはそれぞれ男性への召命とか、女性への召命という形で、神からそれぞれに与えられている使命を果たしていくために召されたのだという自覚が与えられなければならないはずです。

この自覚がなければ、男性としての生きがいも、また女性としての生きがいもあろうはずがありません。

多くの女性が、「男性として生まれてきたかった」というような感想をもらすところに、どうして女性の召命の自覚などがありうるでしょうか。そして、そうした人々は結局一生涯、本当の生きがいも、生きる喜びもなく、何かでまぎらわしつつ、貧乏クジを引いてしまったことへの愚痴をこぼして人生を終えることになるでしょう。

男性の中に、「女性として生まれてきたかった」と考える人が少ないのは、男性の召命の自覚があるからなのではなく、今の世の中が男性の横暴に都合よくできているからにすぎません。

○男と女が力を合わせるということ

自分のことしか考えず、自分さえよければそれでいいというような考え方をしていたのでは、必ず行き詰まってしまいます。

つまり、男性であろうが女性であろうが、「性」を自分のために利用するのだと考えていたら、どうして真に生きる喜びなど生まれてくるでしょうか。「性」が自分のためにのみ使われ、異性を、自分が得をするための道具とだけ考えているとしたら、「性」を正しく理解しているとは言えません。

人間の男性と女性とは、それぞれ相まって、お互い助け合い、人間に与えられた宗教的・社会的・個人的使命を果たしていかなければならないのです。そのためにのみ、神が人間を男と女として造られたからです。異性を虐待するためでも、異性を自分のエゴイズムに利用するためでもなく、両性が力を合わせてのみ成し遂げられる尊い事業があることを覚えてください。もちろん、男性同士が力を合わせても、女性同士が力を合わせてもできる働きがあります。しかし、男性と女性が力を合わせなければできない働きにかなうものはありません。男性と女性の性格と心理とはまったく反対で、この両性が一緒に力を合わせるとき、初めて神が意図された完成した働きができるのです。

夫が外で働き、妻が家で働くというこの両者の働きは、いずれも労働量という点からすれば、甲乙はつけがたいものです。時として家事労働のほうが重労働でさえあります。しかし、育児とか教育というような細やかな愛情を必要とする働きは、一般的に見て男性には不向きであり、女性の独断場です。ですから、保母さんの働く幼稚園や保育園は、女性が最も力を発揮しうる職場だと言ってよいでしょう。

こういう働きがなければ、この世には大きな欠陥ができてしまうことになります。

女性がどちらかというと細やかなことに気がつくのに対して、男性はしばしばそうした点を見落としてしまいがちです。しかし、大きな観点から見、物事を総合的に判断することは、一般的に女性よりも男性のほうがすぐれています。ですから、社会の機構を動かしたり、全体的な見通しのきく立場には、女性よりも男性のほうが向いているわけです。

○異性との正しい人間関係を築けていますか？

きわめて大ざっぱに見てきましたが、男性と女性とは対立すべきものではなく、協力すべきものなのです。間違っても、協力という名における利用であってはなりません。

私たちは、自分の「性」に対する正しい自覚とともに、異性に対する理解と尊敬を持つことが必要です。

この本をお読みの皆さんは、生まれながらにして異性に対する魅力に事欠かないかもしれませんが、それだけでは不十分です。異性に対する正しい理解と尊敬からは、やがて正しい意味での友情が湧いてくるからです。

現代では、異性との友情は往々にして邪恋へと落ちていくと考えられています。それは、私たちが罪に汚れているという事実に基づくものですが、こうした人間関係の結びつきは、決して正常とは言えません。

そして、この悲しむべき事実が、異性はもちろんのこと、同性への限りない憎しみ、そして人間不信へとつながっていくところに、現代の悲劇があるのではないかと思います。

正しく人間を愛することができない現代人の悲嘆と苦悩がここにあるのです。

私たちが真に友情によって固く結ばれ、親子、兄弟姉妹、師弟、上司と部下、友だちの正しい人間関係ができ上がっていくとき、最も正常な形で特定の異性に対する愛情が生まれてまいります。そうでないところでの、ある特定の異性に対する愛情は、実はゆがんだ行為であっても、愛ではないのです。

愛とは、正しい人間関係においてのみ成り立つものだからです。他の人間関係が正しく成り立っていないのに、異性との間にだけ正しい人間関係が成り立つというようなことのあろうはずがありません。

ですから、異性との間にだけ愛という正しい人間関係が成り立っていると思っているのは、実は錯覚であって、それは恋という一種の熱病にかかっていたのだということが、やがてわかるようになるでしょう。

正しい「性の召命」を受け止めてください。

召命とは、神によって召しだされたということですから、神抜きの召命などということはありません。人間を男と女とに造られた神にあってのみ、「性」の正しい自覚と認識があることもまた、覚えたいことなのです。

第三章　男性について

――その性格と心理――

○異性のことをどれくらい知っていますか？

今日、心理学はかなり発達しており、青年心理学・児童心理学・幼児心理学などというように、ずいぶん細かなところまで研究が進んでおります。

ところが、男性の心理学、女性の心理学というものは果たしてあるのかどうかわからないくらい、少なくとも一般にはほとんど聞かれません。さらに言えば、女性学という言葉はあっても、男性学という言葉は聞いたことがありません。

もちろん、こうした分野がないわけではありません。人間がこの世に存在し始めた最初から、人間は男か女かであり、しかも男と女とは、相互に補い合うものとして、神によって造られたということからすれば（創世記2・18の「ふさわしい助け手」という言葉は、そういう意味を持っております）、男性と女性との違いは、その性格から心理にいたるまで、すべての精神構造の相違からくることは明らかです。

現に、私たちは男性と女性の心理の違いということを、毎日の生活の中で経験しています。

それでは、男女の心理の違いはどういう点にあるのかということになると、わかっているようで、案外わかっていないというのが実情のようです。

多くの人々は、男の心理は男性的であり、女の心理は女性的だと申しますが、そもそも男性的心理とか女性的心理とはどういうものなのかわかっていないのですから、実に曖昧模糊《あいまいもこ》としたものにすぎません。

男性と女性とは、生理的にすでに違っています。ですから、性格的にも心理的にも違っているのは当然です。

ところが、異性と自分とが違っているということはよくわかっているのに、どこがどう違っているのかということになると、皆目わからずじまいという方が多いのではないでしょうか。

○結婚する相手は異性です

外面的な点については、いくらかは知っているでしょう。女性はおしゃれだとか、男性は仕事のことにばかり熱中するといった類です。しかし、それを知っていたところで、本当の性を知っているということにはなりません。

生涯連れ添う伴侶となる人について、よく知らないまま結婚すれば、その後の生活において、多くの問題を引き起こすのは当然です。

人間がすべて男性か女性かであるということからすれば、男性であろうと女性であろうと、同性と異性についてよく知っておくことは大切なことです。それはもちろん、性格や心理だけのことではありません。男性そのもの、女性そのものについて知る必要があるのです。

しかし、男性を知るにはその心理を知る必要がありますし、女性を知るにも同様のことが言えます。そこで、ここでは、その心理を通して男性を追究してみようと思うのです。

そしてそれは、未婚の女性にとって大事なことであるのは言うまでもありませんが、未婚の男性にとっても、既婚の女性にとっても、既婚の男性にとっても、やはり大切なことです。

未婚の女性は、自分たちと同じ年頃の男性について興味を持っているでしょう。ですから、自分たちがやがて結婚する相手について知りたいはずです。

それでは、未婚の男性にとってはどうでしょうか。案外、自分のことについて知らないものなのです。ですから、やはり知る必要があるでしょう。

それでは、既婚の女性にとってはどうでしょうか。彼女たちが幸福な家庭を築くことに失敗しているのは、自分の立場から夫を眺め、判断しているからではないでしょうか。そうであれば、どうしても自分の生涯の伴侶である夫のことをよく知る必要があるはずです。

それだけではありません。男の子が次第に大きくなるとき、その男の子について知っておかないと、母親として戸惑うことになります。もちろん、ここでは男性一般について述べるにすぎませんから、成長過程にある男の子のことについては、別の機会に譲らなければなりませんが、それでも自分の子供のときのことを思い出したところで何の役にも立たず、やはり男性について改めて学んでおく必要があるはずです。

既婚の男性にとっては、未婚の男性の場合と同様、案外自分のことについては知らないものですから、こうした人々も知っておいてよいことではないかと思います。

このような理由から、この「男性について」は、あらゆる立場の人々が、男として、また女として充実した生き方をし、神の栄光を現す生活を送ることができるようにという意図から書いていきたいと思います。

ですから、つまらぬ好奇心を持って読もうとする人にとっては、不満足だろうと思います。これを、神によって与えられた生への充実に向けていただきたいというのが、私の偽りのない願いなのです。

○男と女の違いとは？

男性と女性の性格や心理の違いは、その生理上の相違と関係があります。それは、ホルモンに関係していることが知られています。

男性の場合は、男性ホルモン（テストステロン）が多く、女性ホルモン（フォリクリン）が少ないのに反し、女性の場合は、ちょうどその反対です。ですから、男女の違いは、その性質の違いというよりは、生理上の程度の違いであると言ってよいでしょう。

そして、その生理上における程度の相違は、性格や心理におけるタイプの相違――それは、知的・道徳的特徴を示しています――を生みだしています。それは、男性の中にも女らしい男性がいたり、逆に女性の中に男らしい女性がいたりすることからもわかることです。

そこで、人間を大きく男性と女性とにタイプ分けをしたうえで、さらに細かく分類することも可能になります。

ところが、現代社会においては、必ずしもこうしたタイプからそれぞれの働きに就くとは限らず、男性であるがゆえに受ける特権や、女性であるがゆえに受ける特権というものがあることもまた事実です。そして一般的に言えば、現代の社会においても、なお男性のほうが多くの特権を持っています。

○正常な男性の性格と心理

一口に男性とは言っても、多種多様で、その中にも多くの性格上のタイプがあります。

ノルウェーの神学者オットー・ハレスビー博士は、その『気質の種々相』（１９５６年、ルーテル文書協会刊）という本の中で、多血質あり、憂うつ質あり、胆汁質あり、粘液質ありと書かれています。また、先ほど述べたような女らしい男性もおりますし、男らしい男性もおり、その間には数限りなくいろいろなタイプの男性がいるわけです。

私の五人の子供のうち四人は男の子ですが、その四人の男の子にしてみても、みんなそれぞれ違った性格の持ち主です。そんなに違った性格の持ち主を、「男性」というカテゴリーのもとに一緒くたにして述べることができるものなのでしょうか。そうした疑問が当然生まれてくると思います。

しかし、私の子供にしたところで、四人の男の子と一人の女の子を比べてみますと、やっぱり男の子と女の子の違いは歴然としていますし、その考え方からしぐさにいたるまでみんな違います。そこで、女性の中にも男勝りの女性がおり、男性の中にも女らしい男性がいたとしても、それは例外として、正常な男性を標準としてとらえ、それを基準にして話を進めていきたいと思います。そうした男性は、いわば女性に対する男性なのであり、大部分の男性はこの中に入るというわけです。

○男性は大きく二つのタイプに分けられます

それでも、同じ男性の中に、二つのタイプがあるのを見逃すことはできません。肉体的特徴で分けると、やせ型と肉付き型に分類することができますし、精神病理学的に分けると、分裂型と躁鬱《そううつ》型に分けられます。また別の分け方をすると、女性型と男性型に分けることもできます。あるいは芸術家型と実務家型など、その目的によっていろいろな分け方が可能です。そして、ここでは大きくこの二つのタイプについて見ていきましょう。

まず、やせ型・分裂型・女性型・芸術家型などと呼ばれるタイプについて述べることにします。身体的特徴は、やせていて背が高く、胸幅も狭く、ほおはこけていて、とがり鼻、どちらかというと、頼りないような感じを与えます。そして、たいていは低血圧なのが普通です。

このようなタイプの男性の特徴は、比較的神経質で、瞑想《めいそう》にふけったり、内省的であったり、夢見がちです。したがって、どちらかというと一人でいることを好み、人の多くいるところを避けたがります。

こういう男性は、取り越し苦労性で、一つのことに執着したりしますから、失敗など人生の衝撃に対して強い反応を示し、悲観主義になりやすい傾向を持っています。

このような人々は芸術家肌ですから、功利よりも美に引かれ、直感的に物事を判断するので、他人のことが気にかかり、意思はあまり強固ではありません。そのため信仰の問題などに心が引かれるのですが、苦難に当面すると、すぐにぐらつくという欠点を持っています。

どんな方面においても、生ぬるい態度でいることのできないのが、このタイプの人々です。

結婚すると、妻からはどこか頼りないように感じられるのも、このタイプの人です。

それに対して、肉付き型・躁鬱型・男性型・実務家型などと呼ばれるタイプは、まさに正反対です。

まず、身体的特徴は、体がガッチリとしており、たいていは丸顔の低い鼻、強健な体つきをしていて、一般的に高血圧です。

このようなタイプの男性の特徴は、活動家で、快楽やスポーツに打ち込み、何にでも出て行って、人の仲間に入り、取り越し苦労などはしたことがなく、困ったことにぶつかってもケロリとしており、行動する前に考え込んだりせず、衝動にかられることが多く、一般的に実務家肌です。人の気持ちを気にすることはほとんどなく、権威や肩書などにはビクともしない性格を持っています。ごく気さくな性格の持ち主で、すべて無礼講というのが本領です。後悔したり、現状を恨んだり、将来を不安がったりなどしません。想像がたくましくないので、人の不幸に対して同情心に欠けているように見えるのですが、もともと気の良い人なので、身近な人の苦しみにはすぐ同情し、乏しい財布の中からでも恵んでやることがあります。

このタイプの人は活力にあふれているので、欲望の誘惑に抗しがたく、しばしばその点で失敗しかねません。金持ちや権力者や有名人になりたがります。

そのようなタイプの人の信仰は、難しい神学などよりも、むしろ単純なものを好みます。結婚すると、妻から頼もしい夫に見られますが、妻を優しくいたわる夫になることはまれなようです。人目につかないような努力はあまりしたがらず、家事などはほとんど手伝ったりしませんが、やむを得ない場合には、そうした嫌なことでも結構やってのけます。

この二つのタイプのどちらか一方に分類される人というのはごくわずかで、大部分の人は、こうした二つの傾向をそれぞれ持っていて、どちらかというと、後者のタイプの要素を多く持っているというのが、大部分の男性の特徴です。

しかし、この二つのタイプは、多かれ少なかれ女性にも当てはまります。

こうした点をよく心得ておいて、男性の心理の一般的な特徴をこれから述べていこうと思います。

○単純・率直・行動的

男性の性格や心理の特徴は、女性の場合とちょうど正反対です。その一般的な特徴をまず挙げてみましょう。

男性は、女性の場合よりもずっと単純・率直であり、荒っぽく、攻撃精神に富んでいて、行動的であり、女性に対しては、優越感を持っています。

また、独立を好み、女性の場合よりずっと落ち着いていて、自分に満足しやすいのです。

さらに付け加えれば、男性は考えることが好きであり、力を求めるものです。

そこで、以下こうした男性の一般的な特徴を見ていくことにしたいと思います。

男性が女性よりはるかに単純・率直であるということは、小さな子供からお年寄りにいたるまで、すべてに当てはまります。幼稚園や保育園の保母さんたちがいつも言うことは、女の子よりも男の子のほうがさっぱりしているということです。

たしかに男の子は乱暴ですが、けんかをしても、仲直りをすれば、それで片付いてしまいます。女の子の場合は、あとあとまで引きずって、ジメジメとした状態が続き、手を焼かせます。女の子はなかなか自分の気持ちを率直に表しませんが、男の子の場合は、友情でも反感でも素直に表します。

これは、青年期以降の男性にも当てはまります。青年期以降の場合は、多くは男性のほうが女性より体力的にも社会的にも優位を占めているということが大きな理由のようです。

もちろん、生理的な理由も見逃すことはできませんが、それよりも男性に自信を与えるような条件が整っていることが、男性をせせこましくさせないのです。

荒っぽく、攻撃精神に富んでいるということも、男性の一つの特徴です。小さな子供のときからこの特徴は現れてきます。女の子は家の中でままごとをしていますが、男の子は外で思いっきり自分のエネルギーを発散させます。

ですから、賢明な教育者は、青少年のこうした攻撃精神を、スポーツに向けさせます。それは、はちきれる青少年のエネルギーを健全な方向に向けることになるからです。

こうした男性の特徴は、行動的であるところにもよく現れています。女性が心情的であるのに対して、男性はたしかに行動的だと言えるでしょう。しかし、女性の中にも男勝りの活動家はおりますし、男性の中にも快適な生活に安住しがちな人はいます。

ですから、男性と女性の場合、活動の分量に相違点があるというよりも、活動の種類に相違点があると言ったほうがよいでしょう。

○男性が最も欲するものは何でしょうか？

女性の場合は、愛の奉仕に熱心なのですが、男性の場合は、野心の達成に熱心です。女性は、愛する人のためなら、疲れを知りません。しかしながら男性は、目に見える結果を得たいと願い、そうできる希望のあるときには疲れを知らないのです。

ところが、いつでもそうした成功のチャンスがあるとは限らず、そうしたことのほうが少ないわけで、そういうときには、ゆっくり休息したい気持ちに傾くのですが、それでもあきらめきれない男性の野心は、その胸の中に秘められているのです。

つまり、男性は実に野心的であり、恋愛に一生を捧げるような男性はごくまれで（そうした男性は頼もしからぬ男と思われるでしょう）、活動や事業のためにならー生涯を懸けます。

しかし、男性の野心がいつも自分一人の栄誉のために働いているとは言えません。社会的ないし宗教的奉仕という形を取ることもありえます。

そしてこれは、二十歳前後の、物事を純粋に考えようという時期において、はっきりと見られます。すぐれた宗教家・社会事業家の多くが、この時期の決意と献身から生まれています。

しかし、これはまた権力欲や冒険欲など、現世的成功の追求心と紛らわしいほど共存していることが多いため、うっかりすると、献身や奉仕の中に、そうした自分の野心が入り込んでいる場合もないとは言えません。

○男性は女性をどう見ているでしょうか？

すべての男性は、女性に対して優越感を持っています。これは、男性にとって本能的なものです。だからといって、女性を軽蔑するというのではありません。女性に敬意を表しはしますが、女性から指導されようとは決して思わないのです。

男性が女性に対して優越感を抱いているのは、体力的な優越感にもよるでしょうし、現実における社会的優位性にもよると思います。

男性の場合と女性の場合、社会的に活動しているのは、男性のほうが多く、女性の分野と考えられている裁縫や料理にしても、一流の人間はたいてい男性であるという事実にもよります。

こうした考え方は、育児という最も重要な分野の働きを見落とした片手落ちの考え方であることはたしかですが、一般的に男性が女性に対して優越感を抱いているのは事実です。

ですから、男性が自分の配偶者となるべき女性を選ぼうとするときに、この男性の支配本能がそこに現れてくるのは自然のことです。普通は、たいてい身体的にも教養的にも自分以上の人を選ぼうとはしません。自分よりも大きな体の女性よりは、いくらか劣っている女性に引かれ、自分よりも教養の高い女性よりは、むしろ同等か、さもなければ劣っている女性を選びたがります。それは、妻から支配されることを嫌うからなのです。

しかし、体の頑健な母親からこそ丈夫な子が生まれ、教養の高い母親ほど、子供たちから尊敬され、良いしつけもできるはずなのです。

ところが、女性の心理から言っても、強い夫によって支えられたいという被支配欲があるために、なかなかノミの夫婦のようなカップルが生まれてこないのです。

○独立を好み、安定的

また、男性は独立心に富んでいます。もちろん、少年から青年への成長過程において、男性も女性もいずれも独立したいという願いを持つようになります。そしてそれは、青年前期の心理の一つの特徴でもあります。

しかし、男性の独立心と女性の独立心との間には、明確な相違があるのです。

女性の場合は、だれに対しても独立したいと願いながらも、愛する男性にだけは喜んで従いたいと考えます。しかし、男性の場合は、だれに対しても独立していたいと考えるのです。愛する女性のためなら何でもやりますが、しかしそれは、女性の目指すところに達しようというためではなく、自分の目標にいたるためなのです。

この男性の心理をよくわきまえていないと、結婚生活において、しょっちゅう衝突する夫婦となってしまいます。夫もやはり妻と同様に幸福な家庭を持ちたいという願いには変わりないのですが、どんなに良い考えでも妻から出たものを受けようとはしない心理を持っています。それは、妻の尻に敷かれているように見えるのが嫌だからなのです。

しかし、何でもかんでも妻の言うことにわけもなく従う腑《ふぬ》抜けな夫を持つよりは、この種の夫のほうがまだマシだという女性側の心理もあるでしょう。

また男性は、女性の場合よりはるかに落ち着いています。それは、男性の感受性が単純・率直で、一本調子であるという点と関連しております。男性は人生のいろいろな出来事に対して、女性ほど心を動かされることが少ないのです。それは、男性の生涯が女性の生涯より安定していて、女性がどちらかというと情緒的であるのに対して、男性は理性的であるという点からしても、うなずけることです。男性は理性によって気分を容易に抑制でき、現実的な良識を持ち、本能的に複雑化を嫌い、安定性を保っています。

それに対し、女性の場合は、人生の障害を避けるのがあまり上手ではなく、感受性が強いだけに感動も激しく、喜びと悲しみの両極端の間を左右に揺れることが多いのです。

男性の場合は、ある判断を下すとき、それを理性的根拠に基づいて行いますが、女性の場合は、それに対する好き嫌いといった自分の感情によって判断を下しがちなのです。

ですから、男性は、だれかある人を評価する場合、知的価値や特性や手腕など、その人の実力や実績といったもので判断しますが、女性は第一印象だけで感じが良いか悪いかを判断してしまいやすいのです。

そういうわけで、男性が外観よりも実質、うわべよりも永続的な要素を考えるのに対して、女性はうわべの感じに頼りがちです。女性がお化粧したり、おしゃれであるわけが、これでよくわかるだろうと思います。

男性が落ち着いていられるのは、自分の判断や自分の考え方に満足しているからでもあります。これは、女子学生と男子学生を比較するとよくわかります。女子学生の場合、他の同級生に負けたくないという気持ちが非常に強いのに対して、男子学生の場合は、ビリでも卒業すればよいという考え方のほうが強く、しばしば女子学生のガリ勉型に対し、のんびり型になりやすいのです。猛勉強をしたりして一番になろうとする男子学生は、女性型の学生に多く見られます。

○男性が特に魅力を感じるものとは？

男性がこのように自分に満足しているのは、自分の持っている考えや意見に対して強い自信を持っていることにもよると思います。

男性の考え方は、物事の一点だけを見つめて、それだけにこだわるということをせず、広い視野から全体的に物事をとらえるため、先ほどの学生の場合でも、ガリ勉などがバカらしく思えるのです。ところが、女性の場合は、小さなことに集中し、それを小器用にやり遂げることが得意です。したがって、とかく視野が狭くなり、自分の考えに対して自信を持てない場合が多く、不安に支配されるわけです。

こうした男性と女性の心理的相違は、両者の入信への傾向性にもよく表れています。男性の場合は、自分なりの小哲学を作りだし、それが失敗によって崩されても、しょうこりもなくそれを変えようとしないため、なかなか信仰に入りにくいという欠点を持っています。それに対して、女性は確かなものを求めており、一つのことについて真剣に考え込む性向を持っていますから、容易に信仰に入るようになるわけです。

また男性は、どちらかというと、考えることを好みます。しかも、問題を原理的あるいは抽象的に取り上げて考え、論じることを好みます。ですから、昔から哲学者や自然科学者は、たいてい男と相場が決まっていました。男性が議論を好むのは、議論をして何か良い結論に達したいということよりも、結論に達するまでの議論の筋道が面白いからなのです。

女性が具体的なことについて考えるのに対して、男性は、原理的・抽象的議論を好みます。女性は考えるよりも感じるほうが得意なのですが、男性はこれとは逆なのです。

議論をするということは、勝負を争うことでもあり、男性は勝負事が好きだと言ってもよいでしょう。それは、自分の力を自分で確かめたいからです。

男性にとって一番魅力的なものは、この力なのです。言論の力であろうと、体力であろうと、また暴力であろうと、とにかく力が好きなのです。ですから、男性にとって、この力がないと言われることほど、つらいことはありません。結婚して、妻から「あなたは経済力がないのね」とか、「生活力がないのね」と言われることは、世の夫たるものに対する最大の侮辱であり、致命的な言葉なのです。

こういうわけで、夫婦げんかなどで、妻が夫を理詰めにしてやっつければ、事は解決するどころか、場合によっては、暴力沙汰にもなりかねません。ですから、夫婦げんかでは、理屈を言わない妻のほうが、結局は賢いと言えるでしょう。

以上述べてきたことから、男性特有の性格や心理がおわかりになったことと思います。これらの特徴は、長所にもなり、また短所にもなりえます。それを長所にするか、あるいは短所にしてしまうかは、一人一人の心がけによります。

男性の本質を自ら磨き上げようと心がける人が、今日果たして何人いるでしょうか。磨き上げなければ、山から切られたばかりの金剛石のようなものでしかありません。削ったり磨いたりするかしないかで、高価なダイヤモンドにもなり、ただの石で終わることもあります。これは、女性についても同じことが言えるでしょう。

今までは、男性の一般的特徴について述べましたが、女性の場合は、これとちょうど反対であることがわかります。

神は、人間をこのように正反対の性格を持つものとして、男と女をお造りになったのです。これは、実に驚くべきことであると言わなければなりません。

神が人間を男と女とに造られたのは、お互いに助け合うことによって、住みよい美しい社会を作り、神の栄光を現すためなのです。それは、家庭だけに限らず、社会を作るという大きな働きのためには、お互いに異性を正しく知り、理解し、助け合うことが肝心なのです。

○女性に対する男性の本能的性質とは？

先に述べたように、男性は女性を支配したいという本能的な性格を持っております。ですから、相手の女性を見つけると、猛然と攻撃を始めます。相手の女性が結婚を承知してくれるまで、熱心に攻撃します。この、ＯＫを取るまでが、男性にとって一番楽しいときなのです。ＯＫを得てしまえば、一応安心はしますが、それで興味は半減してしまいます。

ですから、時として男性が好きな女性に対して、愛のしるしとしての性交を要求し、その女性が愛していないと思われたくない一心から、愚かにもそれに応じた場合、たいていの男性は女性に対する興味を失うのです。そして、女性の場合にはむしろ逆で、そうしたことによって、遠ざかっていく男性をかえって追いかけたがるのです。こうしたこともまた、両性間の心理の相違と言ってよいでしょう。

男性が性に目覚める目覚め方も、女性に対する感受性も、女性の場合とはまるっきり違います。それは、男性の官能が女性の場合とまったく違っているからなのです。男性の場合は、官能のほうが虚栄心より強いのですが、女性の場合は虚栄心のほうが官能より強いのです。

例えば、女性の場合は、快適さや便利さを犠牲にしても、見栄を張りたがります。窮屈なハイヒールを履いてみたり、冬でもナイロンのストッキングを着用します。しかし男性の場合は、そうしたことよりも実用を好みます。

これは、何も服装についてだけではなく、そのほかすべてのことに当てはまります。女性の場合、それほど太っていなくても、やせたいと言って、食事を減らしたりします。しかし、男性の場合は、こんなことをする人はあまりいません。

女性の性の目覚めは、男性の場合のように、思春期に入ると、自然に起こってくるというものではありません。近ごろでは、小学校上級あたりから初潮を経験する女の子も少なからずいますが、性の目覚めはずっと遅く、このころは、まだまったく子供です。そして、男性に対するひそかな憧れのようなものはあるにしても、それがただちに性生活と呼ばれるものに心を引かれていることにはなりません。

最近では、社会的にも良くない影響が表れ始めていて、性的早熟ということはありうるわけですが、それでも健全な家庭教育によって、道徳的・宗教的良心が、女性の性的早熟をある程度抑制しています。

ところが男性の場合は、思春期に入ると、必ず自然に目覚めてくるのです。それは、身体的構造、つまり生理上の理由からそうなります。少年期から青年前期にかけて、肉体的発育とともに性的欲求が起こってきます。男性の性欲が性器に集中して表現されるのも、この理由によります。

○男性も性的欲求に打ち勝てます

青年前期あたりから夢精が起こりますが、これは本人の意思には関係なく、肉体的に性的目覚めが起こった証拠です。眠っている間に起こったことで、やむを得ないことですが、目を覚ましているとき、そうした性的刺激や誘惑に打ち勝つには、鍛えられた良心と固い意志が必要です。しかも、それは男性にとっては生やさしいものではなく、自慰などの悪習に染まらないためには、健全な家庭教育や宗教教育などによらなければなりません。

男性の場合、性的誘惑に打ち勝つためには、大きな心の戦いが必要です。そして、男性が性的誘惑に負けるときには、そのほとんどが女性の側の影響によるのです。女性の取る態度が、男性の態度を決定すると言ってもよいくらいです。女性のほうで、少しでも挑発的な様子を見せれば、男性は赤いものを見た牛のようになることを覚えてください。

ですから、女性は常に心に隙を与えず、男性から尊敬されるような態度、明るく、親切でありながら、常に服装や言動に端正で、男性の心の中の戦いに勝利と励ましを与えるように振舞うことが大切です。

しかしながら、男性の官能がこのようなものであったとしても、山から切り出してきたばかりの金剛石のような男性を、女性という磨き手の磨き方いかんによって、輝くダイヤモンドにすることができるのです。このことは、女性についても同じように言えるでしょう。

今日、何人の男性が、こうした女性との問題についての正しい手ほどきを受けているでしょうか。

ある男性は、性欲と戦わずして降参し、ある男性は、性欲を抑制して、良心・理性の声を聞こうとします。前者は、女性にただ引かれているだけで、女性を少しも人格あるものとして尊敬していません。自分の欲望充足の対象としてしか考えていないのです。そして後者は、女性に引かれはするのですが、女性を一個の人格として認め、対するのです。前者が、男女の問題をただ肉体だけの問題として考えるのに対して、後者は、肉体と霊の両者を含めた愛と信頼の問題として考えるのです。そして多くの男性は、この両極端の中間にいます。

この後者の男性は、男女間のあり方をいろいろな機会に、いつしか身につけてきたのです。

ある人は、その家庭において、両親の愛と信頼の関係から、またある人は、自分の家庭ではなく、他の家庭から、そしてまた教会や相手の女性から教えられる場合も少なくありません。

○男性の結婚観を知りましょう

男性の結婚観は、いつも具体的・積極的・現実的なものですが、女性の場合は、かなりロマンチックです。

たとえば、女性の場合は、結婚というと、あのウエディングドレスを着て、まだ見ぬ夫と腕を組んでいる姿を夢見ることも決してまれではありません。それを夢見て、ひそかに嬉しがるのです。ところが男性のほうは、結婚式のことなどあまり考えません。むしろ、そんな肩の凝る結婚式などは早く済ませて、その後の新しい生活に心が向けられます。

また男性にとっては、仕事というものを一生涯のことと考えているので、それへの熱望のほうが家庭生活への熱望より大きいのです。もちろん男性でも、婚約をすれば、女性と同様、結婚の日を待ち焦がれはしますが、女性ほどそれにすべてを懸けようとは思っていないのが普通です。女性は家庭的ですから、結婚がすべてだと思っています。ですから、年頃の女性は、すでに将来の夫となるべき男性を心に描きながら、結婚式のこと、新婚旅行のこと、それから立派に育ててやりたい、将来の子供のことなどを考えては、胸を躍らせることができるのですが、男性は仕事のことで頭がいっぱいであり、大事業をやり遂げ、人に尊敬される重要人物になりたいと願っているのです。

○魅力ある男性とは？

今までは、男性の性格と心理の特徴について述べてきました。これらは男性の特徴として挙げられる点であって、男性はこうであってよいのだと言っているわけではありません。

私は、男性が真に男らしい男性となるためには、一人一人の男性が努力を惜しまないようにと願ってやみません。

それでは、真に男らしい男性とはどんな男性なのでしょうか。それは、今まで述べてきた男性の特徴を土台として考えてみなければならないと思いますが、次にいくつかの点を挙げてみましょう。

真に男らしい男性とは、頼もしい男性でなければなりません。ちょっとくらいのつまずきや困難でへこたれてしまうような、だらしのない男性ではなく、雑草のごときたくましさを持った男性です。

しかもそのたくましさは、ただ横暴であったり、粗暴であったりするのではなく、喜んで他の人を助ける無私の愛――自我を捨て相手に尽くす愛――によって表される、たくましさでなければなりません。利害を離れた純粋な愛の心、さらには、たとえ自分には不利であるとしても、尽くさずにはいられない真心に燃えた人、これこそ最も魅力的な男性ではないでしょうか。

こうした無私の愛に生きる男性の中の男性は、いったいどのようにして形造られるのかと言いますと、それこそ信仰によらなければなりません。

前に男性の中の二つのタイプについて述べましたが、そのどちらのタイプの男性であろうと、この魅力ある男性になりうることを知る必要があるでしょう。そして、これは自分の修養や努力だけでは、まず不可能です。キリスト信仰によって、利己的な本性が変えられていくとき、そのような魅力的な男性になることができるのです。

今日、多くの人々が、自分さえよければそれでよいのだというような人生観に生きています。そのような中にあって、たくましくも魅力的な男性こそ、だれもが期待している男性ではないでしょうか。

第四章　女性について

——その性格と心理——

○すべての女性が求めているものは同じです

女性の性格や心理の特徴は、男性の場合とちょうど正反対です。ですから、男性のところで述べたことを、ひっくり返せば、それがみな女性に当てはまることになります。しかし正反対とは言っても、ネガティブのフィルムを焼き付けたときのように、すべてが反対になるというわけではなく、女性としての際立った特徴については、改めて述べることが必要です。

女性は、男性の場合よりも、はるかに幸福を求める度合いが強く、しかもそれが家庭に関するものだと言えると思います。それは母性的であるということに由来しているからでしょう。また男性の保護や支えを求め、気分的には不安定で、変わりやすく、感受性に富み、愛情に生き、信仰心が厚いというのが、その特徴です。

そこで、以下こうした女性の一般的特徴を見ていくことにしたいと思います。

女性は、例外なしに幸福を求めます。もちろん、男性・女性を問わず、人間はだれでも幸福を求めるものですが、女性の場合には、特にそれに憧れ、それを夢見ます。

しかも女性の場合、幸福というものは、家庭と結びついています。そこが、男性と著しく異なるところです。男性が家庭の幸福を願わないと考えたら、大きな誤解ですが、男性の場合は、社会活動における成功を願うため、家庭の幸福を女性ほど強く考えません。

女性が家庭の幸福を願うのは、女性の母性本能に関係があるからでしょう。結婚して子供を持ちたいという願いは、女性の生理に深く根差しています。

今日の社会状況では、女性が女性特有の心情を発揮できる職場は、きわめて限定されています（看護師、保母、社会奉仕など）から、女性本能特有の母性愛を遺憾なく発揮できるのは、やはり、家事や育児の場であると言えるでしょう。

○女性は男性に期待しています

女性は、自分の弱さの自覚から、男性の保護や支えを求めます。この欲求はかなり強いもので、女性が結婚したがったり、また力強い伴侶を望む気持ちも、この欲求から出ているものです。一方男性は、結婚について、決して相手の保護や支えを求めません。ただ自分の伴侶を求めるだけです。

結婚後、何か決定しなければならないことがあったとき、妻は必ず夫に相談を持ちかけるものです。妻は自分の見聞が狭いことや、判断が印象などによって左右されがちなことをよく知っておりますので、どちらの道を選んだらよいのかわからなくなってしまうと、夫に聞きます。そのとき、妻は夫を頼もしく思っているのですから、夫はその解決策のそれぞれの長所・

短所を示し、この道が一番良いということを示すようにすればよいのですが、夫たちの多くは、たいていこのようなときに面倒くさがり（結婚したてのころは、むしろこの反対なのですが）、妻からの尊敬と愛情を得損なってしまうのです。

世の夫たるものは、結婚ということが、そもそも他人を利用することではなく、相手の弱点を補い、助けてあげることなのだということに思いいたって、妻の必要を満たしてあげるようにしたいものです。

妻が夫に期待するものは、実力と親切なのです。これが、女性の男性に求めている保護と支えということの、もう一つの面なのです。

○女心と秋の空

女性の特徴の一つに、気分的に非常に不安定だということが挙げられます。それは、生理上の理由からくるものです。神経系統の均衡がとかく不安定なのです。

人間の自律神経には、二つの神経系統があります。それは、交感神経と副交感神経です。体を使うときには前者が働き、心を使うときには後者が働きます。このバランスが大切なのです。この二つの神経は、また内分泌腺《せん》ともつながっています。ですから、血液中の内分泌物の変異が、神経の動静に影響を及ぼすのも当然のことです。

女性は生理のときには、ホルモンの分泌が絶えず変わります。ですから神経の平静さの乱れがちなことも、決して不思議ではありません。

この不安定さは、ご機嫌がいろいろと急変することに現れます。女性の気分の変化、楽観から悲観へ、熱中から冷淡へ、夢中から失望へ、忍耐からだらしなさへの変化は、こうしたところに原因があります。これは、ちょうど甘やかされた子供の心理のようです。このような女性の心理の表現に対して、男性は正しい理解と思いやりを持たなければならないと思います。

また女性の特徴の一つに、感受性の強いことが挙げられます。

これは、今、述べた女性の気まぐれということにも関係があります。また、女性が男性に対して抱いている劣等感（これは必ずしも正しいものではありませんが）によるものでもあります。

劣等感を抱く者は、優越感を抱く者よりも、いつも感受性は敏感です。弱者は、いつも自分の感情を表に出さないように抑え、黙って泣き寝入りをしなければならないために、感情がいっそう内燃するからです。そうした社会的劣勢と、ホルモンの関係とも相まって、女性は感受性が強いのでしょう。

ですから、女性の感傷癖はものすごく強いものがあります。自分に対する男性の態度、たとえば、お世辞とか批判を非常に気にかけ、いつまでも忘れずに覚えています。女性の感受性の激しいことは、身体上にもすぐに現れます。顔色を赤くしたり、時には怖くて真っ青になったりしますし、目も輝いたり曇ったりします。またすぐ涙ぐんだり、笑いころげたりします。

感動する場合も、すぐに何でも感動するだけでなく、それが一目ですぐにわかるようにうわべに出ます。若い女性が感傷的小説を夢中で読んだりするのも、女性が、人生において心情の価値を第一位としているからです。

○女性が最も大切にしているものは何でしょうか？

女性はだれでも、愛し愛されたいという願いを持っています。男性も、もちろん愛し愛されたいと願わない人はいませんが、女性の場合は、愛こそ生命であり、第一の価値なのです。女性にとっては、この地上の生活の中で、愛こそ絶えざる興味の中心であって、愛情なしには生きられないのです。女性は、愛する相手がいるということが幸福の半分で、自分が愛されていると感じることが、あとの半分です。ですから、自分に対する愛情のしるしを、生涯非常に重視します。感謝も、お世辞も、接吻《せっぷん》も、抱擁《ほうよう》も、贈り物も、誕生日のお祝いも、親切な言動も、いたわりも、すべて喜びの泉です。男性から見ると、こんなつまらないものを、どうして女性がそんなにありがたがるのか、ほとんど想像もできないほどです。

しかし、女性は、こうしたしぐさで、自分が愛されているという証拠を得ようとします。

女性が愛情を重要視するのは、恋愛においても当てはまります。

男性が、どちらかというと肉体の面を重視するのに対して、女性の場合は、むしろ精神的な要素とも言うべき愛情に重点を置きます。ですから、男性と比較して、女性のほうがロマンチックであるとも言えるでしょう。男性が社会において、権勢をふるい、そこで活動したいと願うのに対して、女性が家庭でのささやかな幸福を願うのは、この愛情至上主義によるものです。

○信仰心は女性心理と深く結びついています

女性心理の奥底に触れる特徴を挙げますと、女性の心は、生まれつき宗教的であるということです。したがって、迷信にも陥りやすいという欠点も同時に持っています。もちろん宗教心のない女性もいないことはありませんが、一般的に言って、女性は宗教心を持っている人のほうがはるかに多いのです。

男性が信仰を持つ場合の多くは、理性によって疑問を解決してからですが、女性の場合は、そのほとんどが直感と感情によります。理性が回り道をしてでなければ行きつけないところでも、直感は一足飛びで達してしまいますから、女性の宗教心はいっそう自然です。

つまり、宗教心は、女性の気質に合致しているわけです。

それに、女性の場合は、その生理や使命から見ても、男性より生死の源泉に接近しています。妊娠すれば、嫌でも自分の体内で奇蹟的な大事業が行われていることを悟りますし、出産の危険も、男性よりさらに死を身近に感じさせます。女性はこうした危険を生まれながらにして感得していますから、自然に宗教心を呼び起こされるのです。

男性の場合は、経済生活や事業に打ち込んでいますから、どちらかというと、自己満足とか自信という感情を持ちやすいでしょう。多忙中の寸暇を割いて反省でもしない限り、働き盛りの男性は、生死の重大問題など考えず、頭は現世のことばかりに向けられています。

しかしながら、女性の場合はそうではありません。むしろ、人生の根本的な問題を、まともに眺め、また自分の問題として受け止めているのです。男性が女性の信仰を軽蔑するのは間違いであり、男性は人生の重大問題をごまかさずに、信仰の問題を女性だけのこととして見過ごしてしまわないようにしなければなりません。

○女性の長所と短所を理解しましょう

　ここで、少しばかり女性の欠点について触れておきましょう。こうしたことをここに述べるのは、女性の悪い点をただやり玉に挙げようというのではありません。男性も女性も、お互いにお互いの欠点を知ることによって、幸福な結婚生活をするため、また快適な社会生活を送るためなのです。

　女性の長所・短所の大半は、感受性の強いことに根ざしています。女性は愛する人のためなら、犠牲的な奉仕を決して惜しみません。それは、恋人であろうと子供であろうと、問うところではありません。

　こうした長所とともに、女性はショックを受けやすく、全体的・総合的にものを見ることが苦手で、一つのことや表面だけを見て判断しやすいため、ねたみ・ヤキモチ・敵対心・競争心・毒舌・陰謀的な仕返しをしがちです。これらのことは、男性にもないわけではありませんが、女性のほうが著しいと言えるでしょう。

　また虚栄心が強く、大半の女性にとって征服の場は、現代社会では、男性の心と関心を握ることにあるようです。こうした浅はかさは、正しく指導を受けさえすれば、健全な成長を促されます。

前にも述べましたように、女性の気まぐれは生理事情からくるものです。

ごくありふれた女性の欠点を挙げましたが、これらの欠点を全部持っている女性はいないこともまた確かです。同様に、このような欠点を一つも持っていない女性もおりません。ですから、男性は、このような女性の弱点を直すために、真面目な協力を惜しまないようにしなければなりません。理解や同情や激励や決断を持って接するほうが、残酷な非難や柔弱な態度によるよりも成功するでしょう。

女性は何よりも感受性の強い性格を持っておりますから。

○愛する男性のためにしてほしいことがあります

女性の一般的特徴を述べたところで、男性に対する特徴もいくらか述べました。ここでもう一度、この点を取り上げるのは、主として女性の心理を、結婚への準備として考えようとしているからです。

女性は、男性の保護と支えを求めるものだと言いましたが、女性心理の特徴として、気心の知れた男性がそばにいると、何となく心丈夫になるものです。しかしだからといって、女性が男性に征服されたいと願っているというわけではありません。一方、男性の恋愛観は肉欲が主位を占めがちです。それは、男性の征服欲の表れでもあります。

ところで女性はどうかというと、すでに述べたように、愛情至上主義なのです。

男性は、ややもすれば、肉体の接触を求めがちです。そうしたとき、女性の側でただ驚き慌てて、毅然《きぜん》とした態度を取り損ねてしまいますと、それは、愛する男性が誘惑に負けるのを助けることになりかねません。女性は、優しさの中にも強く抵抗して、男性が肉欲を抑え、恋愛を純なるものに保てるように、あくまでもしっかりした態度を取る必要があります。

大切なことは、「女性は恋愛をまず何よりも心の優しさ、心尽くしと見るのです」と言って、女性が積極的な教育者とならなければなりません。そこで、女性のほうでも、愛情のしるしをあくまでも追求するという男性の生まれながらの性向を自制させるように促すことが必要です。そしてそここそが女性の愛情表現の場であり、母性本能の発揮されるべき場であることを自覚すべきでしょう。

「女性には肉体的欲求がない」などとは言えません。しかし、それは男性の場合とタイプが違います。

男性の場合は、いつも目覚めているのに、女性の場合は長く眠り込んでいるのです。

このように眠り込んでいる肉欲を正常に目覚めさせるようにすることが大切です。そうでないと、男性の劣情によって、女性の虚栄心が巧妙に操られ、甘言をもって釣られ、裕福安楽な生活を見せつけられることによってよろめくことにでもなれば、まことに不幸だと言わなければなりません。

このように、虚栄心やうぬぼれなどによって、呼び覚まされるのではなく、宗教的克己心によって、自分のために神によって備えられた一人の男性のために、自分の身を持することのできる女性は、愛する男性を幸福にすることのできる女性です。

なぜ、愛する一人の男性のために女性は待つことができないのでしょうか。

もちろん、すべての女性がそうだと言っているわけではありません。

○魅力ある女性とは？

今まで、ずっと女性の性格と心理の特徴について述べてきました。これは、特徴として挙げられる点であって、女性はこうであってもよいのだなどと言っているわけではありません。

私は、女性が女性として、真に女らしい女性となるために、一人一人の女性が努力を惜しまないようにと願ってやみません。

それでは、真に女らしい女性とはどんな女性なのでしょうか。それは、今までに述べてきた女性の特徴を土台として考えてみなければならないと思いますが、次にいくつかの点を挙げてみようと思います。

真に女らしい女性とは、「本当の愛の人」だと思います。

女性にとって、愛こそ無上の価値なのですから、この愛に自分のすべてを懸ける人こそ、最も女らしい女性だと言ってよいでしょう。

しかし、その場合、愛の人とは、愛されることを求める人のことではなく、愛する人のことです。しかもこの場合、「愛」が問題です。ですから「本当の愛」と言ったわけです。

「本当の愛」というからには、「本当でない愛」があるはずです。本当でない愛は、与えるような形を取りながら、実は、自分のために奪い取ろうとします。犠牲を払うように見せかけながら、そこでちゃんと打算を考えているのです。

けれども、本当の愛は、自発的な犠牲と奉仕を伴います。相手のために自分を与えて惜しみません。このような献身が、打算なしに行われるためには、生まれながらの自分が死ななければなりません。そうでないと、愛という美しい行為をするだけに、それが腐敗したときには、目も当てられないものになりかねません。

本当の愛は、生まれながらの人間は、だれも持ってはいません。生まれながらの人間が持っているものは、利己主義によって腐敗した愛です。

ですから、私たちが本当の愛を持とうと思うなら、神よりその愛をいただかなければなりません。

その愛は、また信仰の結ぶ実でもあります。

今日、多くの女性たちが打算に生き、女性本来の愛も、打算と結びついて、臭気芬々《しゅうきふんぷん》としているとき、庭の片隅にひっそりと咲く香り高い花のような女性こそ、だれもが期待している女性像なのではないでしょうか。

○男性と女性とが真の人間関係を築くために

このように、男性と女性とは、心理構造がまるっきり違っていますから、男性も女性も自分の長所と欠点をよく自覚し、男性は女性の、また女性は男性のお互いの豊かさを尊重し、足りないところを補い合い、お互いの立場に立って物事を考える愛と信頼を養うことができるならば、夫婦の生活はどんなに豊かな調和あるものとなることでしょう。

しかし残念なことに、今日、多くの人は、異性の性格や心理を学ぼうという謙虚な態度を持たず、お互いに相手の欠点を見つめ、それをほじくり出すようにして、相手に快適な居場所を与えようとせず、お互いに協力して家庭を建設していこうという努力を惜しんでおります。そのために、家庭とは名のみで、真に心の憩いの場とはならず、無惨にも破壊された家庭のみが見られます。人間が生きていくうえで、大切な共同体としての家庭建設こそ、夫たる男性にとってても妻たる女性にとっても、いやしくも人間たる者の責任ではないでしょうか。

これから結婚しようという若い男性も女性も、お互いに相手を理解しようという謙遜な態度と愛を持って接するならば、家庭は見事に二人の協力で築き上げられていくことでしょう。

そして、この相手の立場に立って、真に相手を理解しようという態度こそ、愛にほかならないのです。

この世における人間関係のあり方は、男と男、女と女、男と女という三つの場合しかありません。ですから、私たちが男性について、また女性についてよく知らなければ、どうして正しい人間関係を保つことができるでしょうか。結婚という形でなくても、真の人間関係がゆがめられずに成り立つためには、お互いに相手を一個の人格として扱わなければなりません。それが、往々にして邪恋というような形でしか異性同士の関係が成り立たないとしたら、まことに悲しむべきことと言わなければなりません。

もちろん、人間関係は夫婦という形を取るとは限りませんが、最も深い関係が成り立たなければならないはずの夫婦においてさえも、真の人間関係――心と心の通い合う交わり――が成り立たないのであれば、私たちは、いったいどこでその人間関係を持ちうるのでしょうか。夫婦の固い絆を結ぶこの基本的な交わりを、私たちはもっと大事にしなければならないと思います。

神が人間を男と女とに造られたわけですから、男性と女性とがお互いに助け合って、人間に与えられた真の目標達成に向かっていかなければならないはずです。

このことは、何も結婚や夫婦生活に限られることではなく、人間の事柄として考えてよいと思います。

第五章　友情と恋愛

○私たち人間は一人では生きられません

私たちは、この世に生まれてくるときに一人であったように、この世を去っていくときにも一人です。私たち人間は、もともと一人なのです。

この世に生まれてくるときには、だれ一人として自分の誕生について知ることはできませんが、死の場合は、本当に自分がただ一人なのだという厳しい現実を、嫌というほど知らされます。

しかしながら、人間はもともと一人なのだという事実だけから、私たちの孤独の耐えがたさが生まれてくるわけではありません。私たち人間は、他のいかなる生き物とも違って、一個の人格を持った者として、この世に存在させられています。この事実を、聖書は私たちに、神が人間を「神のかたち」に似せて造られたのだと教えています。

もちろん、人間が「神のかたち」に似せて造られているということは、単に「人格」という点だけのことではありませんが、確かに神が人格を持ったお方であられるように、人間もまた人格を持った唯一の生き物であるということは、人間が「神のかたち」に似せて造られたという一つの事実を示していると言えます。

ところで、「人格」を持っている者は、必ず他の「人格」を必要とします。だれかと交わりを持たないではいられないからです。それは、動物や植物や物であってはだめなのです。

私たちは、だれでも「ロビンソン・クルーソー」の名前を知っているでしょう。しかし、多くの人々は、子供向きの童話風に書き換えられた冒険話として知っているだけで、ダニエル・デフォーの『ロビンソン・クルーソーの生涯とその数奇な驚異的冒険』という原作を読んだことはないのではないでしょうか。この作品は、人生の孤独と魂の救いというキリスト教の深い思想を掘り下げたもので、人間は孤独には耐えられないことを、はっきり描いております。

私は元来、きわめて内向的な人間で、東京の神田で生まれながら、新宿や銀座のような人ごみの中へ出て行くのがあまり好きではありません。育ちが山手であったという理由だけでなく、とにかく内向的で、人嫌いだったのです。

今でも、都心へ出て行くよりも家に引っ込んでいて、本を読んだり、何かを書いたりしているほうが気楽で好きです。もしも私が今、何をしてもよいという立場に立っているのなら、静かなところへでも行って、読書と執筆に明け暮れることができたらと思うことがあります。

そんな私でも、たった一人きりで暮らしていけるかというと、やはり自信がありません。

つまり、それは比較の問題であって、どちらかというと、都会の雑踏より郊外の静かなところを好み、華やかな社交よりも、静かな内向生活を楽しむというのが、私の性格に合っているというのにすぎないのです。

私が今、自分の好みに反し、多くの人々と接し、その人々に福音を語っているのは、それが神から私に与えられた私の使命であるからです。私は自分の使命に生きて、自分の好みに生きてはいません。そして使命に生きるときにこそ、生きがいを感じるということを、今、味わっているのです。

○他人との埋められない溝を感じたことはありますか？

さて、話を元に戻して、孤独について考えてみましょう。

私たちは、人格を持った存在として、他の人格との交わりを持たずにはいられません。もしも私たちがほかの人格との交わりを持つことができないでいると、私たちの魂は孤独感を抱くようになります。つまり、満たされないのです。付き合いという程度のものでは、孤独感を癒すことはできません。心と心の通い合う交わりを持たなければだめなのです。

ところが、私たちの現実を見つめてみますと、私たち人間相互の間には、深い亀裂、越えがたい溝ができてしまって、お互いの心が通じ合えなくなっています。それは、一人一人がみな自分のことしか考えず、そうした自我の城の中に閉じこもっているため、お互いの間で心の全面的な触れ合い、素っ裸の交わりができなくなってしまったからなのです。

ですから、今日、多くの人々が盛り場の雑踏の中を歩いております。彼らは、特別に何か用があるわけではありませんが、群衆の中に出て行かないと、どうにも寂しくて寂しくてやりきれないのです。それでは、そうした群衆の中を歩いていれば、孤独感から解放されるのかといいますと、そこには、ただ孤独な人たちが、群衆となってうごめいているにすぎません。孤独を癒そうとして、人々の群がる中へ入って行くのですが、瞬間的に刺激が与えられるだけで、結局は神経を疲れさせ、根本的には何の効果もありません。

このような孤独について、ドストエフスキーが、今から二百年ほども前に、彼の著書『カラマーゾフの兄弟』の中で書いています。その中の「なぞの客」という一節で、若き日のゾシマ長老の所に訪ねて来たなぞの客の言葉の中に表現されているので、今それを少し引用してみましょう。

「現代の人はすべて個々の分子に分かれてしまって、だれも彼も自分の穴の中に隠れています。だれも彼もお互いに遠く隔てて、姿を隠し合っています。持ち物を隠し合っています。そして、けっきょく、自分で自分を他人から切り離し、自分で自分から他人を切り離すのがおちです。ひとりひそかに富を蓄えながら、おれは今こんなに強くなった、こんなに物質上の保障を得たなどと考えていますが、富を蓄えれば蓄えるほど、自殺的無力に沈んでゆくことには、愚かにも気づかないでいるのです。なぜというに、われひとりを頼むことに慣れて、一個の分子として全を離れ、他の扶助も人間も人類も、何ものも信じないようにおのれの心に教え込んで、ただただおのれの金やおのれの獲得した権利を失いはせぬかと戦々恐々としているからです。」

（米川正夫訳）

○初めて孤独を感じるとき

私たちが最初に孤独感を味わうのは、青春のときだと思います。精神が形成される途上において、一人の人間の自我の自覚が始まるころ、つまり精神的な独立が起こるころです。

親や兄弟姉妹の中にあって、自分の行くべき道について理解し、導きを与えてくれると思っていた人々が、突如として別々の考えしか持っていないことがわかったとき、それまでは、何の疑いもなく愛と信頼で結ばれていたと信じていたお互いが、結局はそうではなかったことを知らされるときです。

初め、私たちは両親や先生や友人や兄弟姉妹たちに期待しています。しかし、それらの人々が自分の期待どおりにしてくれないことを発見する日、何の疑いもなかったすべての信頼が音を立てて崩れていった日、私たちは嫌というほど孤独感に襲われるのです。

そこには、越えがたい溝があるということを知らされ、結局、自分は一人ぼっちなのだということを悟らされるのです。

それでは、そうした孤独の認識があったのち、真の人間関係というものはどうなるのでしょうか。もうそこには、真の人間関係などは生まれてこないのでしょうか。

いいえ、こうした孤独の現実があればこそ、私たちはそのことからの救いを求め、その解答が必ずあることを信じるのです。

○人と人とを真に結びつけるものとは？

人間と人間とのつながりが壊れてしまっている今日、それを補うものとして、どのようなものがあるのでしょうか。

聖書は、それを「愛」と呼んでいます。聖書が「愛」と呼んでいるものにいたるまで、私たちはこの問題を追究していきたいと思います。

聖書が「愛」と呼んでいるものは、新訳聖書においては、その原語のギリシャ語で、「アガペー」と「フィリア」という二つの言葉が使われています。ギリシャ語では、そのほかに二つの言葉があります。それは、「ストルゲー」と「エロース」です。

「ストルゲー」というのは、肉親の間にある「愛」です。

もう一つの「エロース」というのは、一般的には、官能的・肉体的愛と考えられていますが、もともとはそうではなく、プラトンによると、相手のうちにある何か良いもの、美しいもの、気高いものを認めて、それに誘発されて出てくる愛のことです。

私たちはだれかを愛する場合、その人が賢いとか、美しいとか、優しいといった価値に引かれて、その人を愛するのではありませんか。ですから、この「エロース」という愛は、ごく自然の愛で、自分のために獲得しようという愛であることは明らかです。この愛しかないところにおいては、お互いに衝突が起こり、問題が起こっても解決はありません。

それを解決するのが、実は「アガペー」の愛なのです。それは与える愛、犠牲的な愛だからです。

少し横道へ入りすぎましたので、また話を元に戻して、聖書に出てくる二つの愛.「アガペー」と「フィリア」について考えてみましょう。

この二つの言葉は、聖書の中ではほとんど同じような意味で使われていますが、しいて分けるなら、「アガペー」は神の愛、「フィリア」は友情です。たとえば、「フィラデルフィア」という町がありますが、これは「兄弟愛」という意味の町です。

そこで、まず「友情」の愛である「フィリア」について考えてみることにしましょう。

「愛」という言葉は、よくわかっているようで、考えてみると案外わかっていないように思われてなりません。そこで、「友情」ということから考えたほうがわかりやすいので、そこから話を進めていこうと思います。

私たちが友情を結んだときのことを考えてみますと、それまでの日々で関わりのなかった人と、いきなり親しくなったり、あるいは徐々に親しくなったりします。

そういう場合、何がきっかけになって親しくなるのかというと、たいていはお互い似たような境遇にあるとか、同じような問題を持っているということが多いようです。

しかし、お互いにその問題については、まだよくわかってはいません。未知の世界の前に立っていて、その門口で心が触れ合ったとき、友情が生まれ、そこで結ばれるのです。

お互いに相手の考え方や境遇やすべてがわかってしまったら、かえって友だちにはなれないかもしれません。どうにも解決のつかないさまざまな世界を持っているからこそ、かえって友だちになれるものだとも言えるのです。

お互いに見知らぬ二つの生命の接触と燃焼――しかし、そこには深い信頼と愛がなければなりません――この真剣な命の交流があるところに、友情が成り立つのです。

ここで、私が「友情」と言う場合、それは何も友だち同士だけの間に成り立つものだとは思いません。私はもっと広く、親子・夫婦・兄弟・師弟など、あらゆる人間関係の最も正しいあり方を指すものと考えたいと思います。ですから、それは「愛」の別名と考えて差し支えないのですが、ここでは、まず「友情」という言い方で、それを考えてみたいと思います。それは、人と人とを真に結びつけるものを指すのです。

○親子の友情

親子の間柄を考えてみましょう。

肉親の愛には、本能的な強さがあります。しかし本能は、しばしば盲目であり、粗暴であり、また自己中心的です。そのため、自分たちの生活を守るためには、他の親子を犠牲にしても構わぬと言った振る舞いがよく起こりがちです。同じ親子の間でも、我欲が強く、他人同士以上に激しい憎悪や嫉妬を持っている場合もあります。それは、血縁の間柄だけに、いっそう陰惨で、あさましい様相を呈します。

親が子を自分の自由になる所有物として考えるのではなく、一個の人格として考え、人生における友だちとして接していくとき、そこには、実に温かい人間関係が生まれてくるのを知ることができます。そこに生まれてくるものこそ、友情なのです。

しかしこれは、世間一般に言われている友だちのような親子関係とは違います。

この場合、親と子の真剣な命の交流というよりも、お互い触れたくないところに触れないでおこうというような関係になり、子供に理解ある親だということをアピールしたい打算的な関係が見えるからです。

○夫婦の友情

次に、夫婦について考えてみましょう。

夫婦の生活を持続させることのできるものは、決して性生活でも、恋愛感情の延長でも、また単なる生活欲でもありません。そこには、人生における良い相談相手、家庭を築いていく協力者、子供の教育など、すべてを含めて、そこにあるのが人生の友としての愛と信頼でなくて何でしょうか。

二人は、夫婦であるとともに、人生の友だち同士なのです。この夫婦の間柄が正しく成り立っていないところに、どうして心の憩いの場としての家庭が成り立つでしょうか。ですから、この夫婦の間に成り立つものも、深い意味における友情だと言うことができるでしょう。

○師弟の友情

さて、師弟関係について考えてみますと、そこにもまた友情が不可欠の要素であることがわかります。

良い師は、常に友情を持って弟子と過ごすものです。

師にとって、それは身を屈することでも妥協することでもありません。これは、偉大な真理を弟子の心に浸透させていくうえで、きわめて大切な心構えです。たとえ厳しい師であっても、根底に愛と信頼がたたえられていればこそ、弟子はついていくのです。

たとえば、ソクラテスは、路傍にあっても、散歩の途上にあっても、常に弟子と肩を並べて真理を語りました。古代ギリシャでは、道を求めるものは、まず友情を求めました。

師弟の友情は、キリストとその弟子たちの場合にも見られます。キリストは弟子たちと生活をともにしながら、時には厳しく、時には優しく、永遠の救いの真理と彼らの使命を弟子たちに教えられました。

弟子たちの側から言えば、もちろんそこには、師を軽んじたり、甘えがあってはなりません。師は師としてあくまでも尊敬すべきであり、師弟の恩と礼はいささかも失ってはなりません。しかしその恩や礼が、儒教の場合のように形式化しては意味がありません。

私たちは、このような師弟関係に接するとき、友情の名のもとに、放漫と無節操に陥りやすいのですが、それは真の友情ではありません。

師弟の関係は、たしかに厳しいものです。しかしその厳しさは、何よりも道を求める厳しさであり、ともにそこに身を置くことの厳しさでこそあれ、師と弟子との区別からくるものではないはずです。自分を超えたものに仕えるときの厳しさであり、その道のための自己訓練の上にのみ、真の師弟の友情は成り立つのです。

○友情の勘違いとは？

さて友情というものは、人間と人間との間の正しいつながりを成り立たせるものだと、最初に申しましたが、それは決して私情に発する党派（仲間）を作るようなものではありません。

人間は他の人を陥れたり、自己防衛本能などから党派を作りやすく、それを友情と思い違えている人がいます。それは生存競争に打ち勝つための保身の術にすぎません。

友情とは、人と人とをその内面において真に結びつけるものですが、それに反し、党派感情は、表面では人と人とを結びつけているように見えながら、心と心とはまったく離れてしまっています。

しかしながら友情というものは、人格と人格とをともに結びつけるものなのです。

○究極の友情とは何でしょうか？

私たち人間は、人と人との間に生きるときにおいてのみ、生きがいを感じるのですが、それは、このような友情によって成り立つ人間関係を持つときなのです。しかもそのような友情が真に成り立つためには、その一人一人がはっきりとした人生の目的・目標を持っているときでなければなりません。

そうした明確な人生の目的・目標は、一人一人の人間が自分勝手に設定したり、決めたりすることのできるものではなく、そこには神によって与えられるということがなければなりません。つまり、神によって裏付けされた友情です。

実は、それこそ「アガペー」の愛にほかなりません。

あなたの隣人を自分と同じように愛せよとか、自分にしてもらいたいことを相手にもしてあげるということは（マタイ22・39、7・12）、自分の力だけでできるものではありません。このアガペーの「愛」こそ、友情の極致にほかならないのです。

私は、あらゆる形の友情がここにまでいたらない限り、それははかなくも消えゆく泡のようなものにすぎないと思っています。そして今日、「友情」と呼ばれているものの中に、このようにはかない友情がいかに多くあることでしょうか。

多くの人々が「友情」と自ら呼びつつ、はかなく消えてゆく運命にあるものをつかんで、それをしっかりと抱き締めているだけに、幻滅の悲哀もまた大きいのではないかと思います。消えゆく運命にある友情は、ことごとく自己中心性の本能の上に成り立っていますから、いわば利害関係で結ばれている浅い人間関係にほかなりません。もっと深いところで結ばれなければ、友情と呼ぶのにふさわしくないでしょう。

○異性間の友情は成り立つのでしょうか？

人間はだれでも「自分のために」という本能を持っています。それは、他の人を自分のために利用しようという利害関係の尺度であったり、異性を欲情の道具のように見る考え方であったりします。人がだれでも生まれながらに持っている、この原罪より発する利己主義性は、異性同士の間での友情の成立を、きわめて困難なものにしています。

もちろん原理的に言えば、一個の人格と一個の人格の存在するところ、老若男女の区別なく、お互いへの愛と信頼とがあるならば、そこに友情は成り立つはずです。しかし、異性間における友情の困難さは、そこに無意識のうちに恋愛感情が入ってきてしまうからなのです。

性はそれほどに強力な力を持っています。ことに、わが国のように性についての正しい教育（これは、いわゆる「性教育」などと言って、人間の肉体の面のことを主として教えるものとは全然別のものです）がなされていない場合には、本能の猛威に対しては、抗《あらが》うべくもありません。ですから、異性間での友情は、こうした方面で成熟した人々に限られます。そうでないと、友情は恋愛感情にすり変えられてしまいがちだからです。

それでは、友情が恋愛に移行するのは、いけないことなのでしょうか。

いいえ、決してそんなことはありません。むしろ私は、こうした形での恋愛が、やがて結婚にいたるのを喜ぶべきことだと思っているくらいです。というのは、先にも述べたように、本当の友情の成り立たないところに結婚もまた成り立たないからです。

ですから、ここで申し上げておきたいのは、結婚にいたる恋愛の前には、本来友情がしっかりと確立されているということです。友情などというのは名ばかりで、最初から恋愛感情しかなかった場合、その「恋愛」には、「恋愛」のうちの「恋」しか存在せず、これはまた「好き」といった感情にすぎませんから、しばしば恋愛遊戯で終わりがちです。

しかし、もし最初に「友情」が存在していたとしたら、「恋愛」は「恋」ではなく、むしろ「愛」に重点が置かれているわけですから、着実に結実していくわけです。

健全な結実は、まず最初に人格的な結合、つまり友情が必要です。友情と恋愛の違いは、後者においては、「性」が優位を示しているのに対して、前者においては、「性」が強力な位置を占めないという点にあります。異性間の問題よりも、お互いに人格を持った人間同士なのだという自覚が優先するとき、友情が生まれてきます。

ですから、「性」の問題よりも人間の問題が優先しなければならないわけです。それには、人間としての自己犠牲・奉仕が自発的になされる生き方が必要でしょう。これがなければ、ただ相手に嫌われたくないばっかりに、ご機嫌取りのようなことだけを言ったり、したりすることになりかねません。

友情とは、ただ単に相手に好かれることだけを考えて行動するのではなく、お互いに理解しようと努め、慰め合い、励まし合い、いたわり合うとともに、お互いにたしなめ合い、相手の非をわがことのように苦しみもし、悲しみもするわけです。

私たちが、異性に対して興味と関心を持ち、お互いに付き合うのは、神が人間をそのように造られたからです。それでは、私たちは、異性ならだれでもよいのかというと、そうではなく、それは神が定められた一人の異性としか本当には一体になれないのです。

それにもかかわらず、私たちはその運命の異性に出会うまでに、心を動かされ、憎からず思う人に出会うのですが、それは、私たちの人を見る目が十分ではなく、曇っているからです。

外面的なことで心を引かれたり、ちょっと親切にしてくれる人がいると、もうそれで心が傾いてしまったりするのは、私たちが「性」の問題に対しては未熟だからであり、また利己的でもあるからです。

○「結婚にいたる恋愛」と「遊戯で終わる恋愛」

「恋愛」については今さら言う必要がないくらい、だれもがよく知っている事柄でしょう。しかし、今ここで、もう一度「恋愛」を取り上げようと思うのは、世のいわゆる「恋愛」のことではなく、「友情」について述べたとき、本当の「友情」の極致としての「神の愛」について述べ、この「友情」に根差した「恋愛」こそ、結婚へと正しく結実する恋愛だといったあの恋愛を、もう少し掘り下げてみようと思ったからです。そういう「恋愛」は、先にも述べたように、「恋」よりもむしろ「愛」に重点が置かれています。

本当の「愛」は、自分の利益だけを求めるものではありません。

もちろん、世にいわゆる「恋愛」と呼ばれるものでも、一応は、犠牲的奉仕という形は取るものです。しかし、そうして与える形を取りながらも、その本質は、決して自分を与えて惜しまないのではなく、自分のために奪っているのです。

けれども、本当の愛は違います。ほかの人の幸福を願うばかりか、それをしようとする努力を決して惜しみません。

本人は、大真面目にこのような愛に基づいた恋愛だと思っているのですが、結果として結実しないのは、どうしてなのでしょうか。まず私たちは、ここでいう「恋愛」が、必ず結婚にいたるものだということを前提にしたいと思います。そうでないと、恋愛遊戯になってしまうからです。正しい恋愛は、結婚を前提にしたものでなければ、本人たちがどんなに真面目であったとしても、それは遊戯にすぎないのです。

それでは、恋愛が遊戯であっては、どうしていけないのでしょうか。このような問いを今さら取り上げる必要はないかもしれませんが、それでも、ここで改めて取り上げておこうと思います。このようなことを今さら取り上げる必要がないと言ったのは、もうすでに取り上げ済みだからです。ですから、もう一度復習のつもりで、ここにこのことを考えてみようと思います。

友情が本当に成り立つためには、一個の人格と一個の人格の深みにおける人間としての結合が必要だと言いました。そうした正しい人間関係が、どうして遊び事などになりうるのでしょうか。人間としての真面目な問題が、そうやすやすと遊び事に変えられるはずはないのです。

それにもかかわらず、本人が意識もしないうちに、恋愛が遊戯になってしまう場合があります。それは、結婚の現実性が余りにも乏しい場合です。

たとえば、お互いに学生同士の場合などは、このような結果に終わりがちです。

ですから、私は、学生のように、結婚の現実からあまりにも遠いところにいる人たち（結婚は、独立した人間同士によってのみ成り立つもので、親がかりの学生にとっては、遠い話です）は、友情より恋愛への移行を、よっぽど慎重にしなければならないと教えます。そうでないと、結実しない恋愛のために、二人とも傷ついてしまいかねないからです。

男性にとっても女性にとっても、もちろん恋愛は嬉しいものであり、お互いを夢中にします。しかし、男性の場合と女性の場合とでは、人生において占める恋愛の位置が違います。

女性が恋愛を、ほとんど最高の価値だと思っているのに対し、男性の場合は、必ずしもそうではありません。

普通の男性は、思春期に入ると、性交に伴う快感を夢精などという形で体験するものですが、女性の場合はそうではありません。女性も性欲への可能性や傾向をたしかに持っていますが、その性向は長い間眠っています。

女性の場合は、思春期に入ったからといって、特に感覚を刺激するわけではありませんから、女性はロマンチックな恋愛感を持つことができるわけです。快感を味わうということはありませんから、恋愛もただ感情的・精神的なものとしてしか考えていません。

愛するということは、女性にとっては、心情に触れる問題で、ほかの人に愛情を注ぎ、親切を尽くすことであり、相手を温かく包み、そのそばにいたくなり、その人の幸福を作りだそうということにほかなりません。

過去に肉体関係のある女性の心理は、今述べたものとは違います。そういう人たちは、恋愛観の中に肉感の要素をかなり取り入れます。しかし男性とは違って、肉感が感情的・精神的要素に優先するところまではいきません。それほど性欲と直結していないものを求めます。

つまり、女性の場合は、恋愛観において、肉感以上の価値を求めるのです。

男女の一般的な考え方が、このように違っているために、両者の間に誤解が起こってくることがしばしばあります。ですから、男性も女性も、お互いに相手の心理をよく学んでおくことが必要です。

ところで、結婚にいたる恋愛というものは、結婚が人間の霊的・肉体的両面、つまり、全人間的な結合であるところから、当然、全人間的なものであるはずです。とはいっても、結婚は全人間的結合ですが、恋愛はまだ結合ではありません。その準備です。準備ですから、全人間的結合への妨げにならないように備えをすることが大切です。

結婚前の恋愛の性欲は、男女間に大きな違いがありますから、この点よく理解し、結婚への妨げにならないように、お互いによく協力することが必要です。そうでないと、性欲という点での失敗が、本当の愛を曇らせてしまい、信仰生活の根底まで揺るがしてしまうことになりかねません。女性は深い理解と慎み深さと、さらに愛情を持った態度で男性を助け、この危険から守るようにすることが、正しい愛のあり方ではないかと思います。

○二人を結びつける神の愛

恋愛中の男女の陥りがちな誘惑は、もちろん双方の意思と、良心の関連や堅実な教育によって乗り越えることができますが、特に女性がこの点でよく訓練されていたら、その危険性はかなり少なくなるでしょう。この点、女性は男性よりはるかに自制しやすい立場にあります。

ですから、女性が信仰に基づいた正しい道徳的な訓練を受けていれば、この危険から逃れることは、ほとんど間違いありません。

反対に、人間的な愛によって結ばれている場合、それは誠にもろく、またはかないものです。どんなにお互い同士が自信を持っていても、ちょっとした気持ちの行き違いや誤解がもとで、ひびが入ってしまわないとも限りません。

ですから、本当の友情である神の愛によって結ばれることが大切です。そういうことになれば、やはり信仰に基づいた一致が必要になってくるでしょう。

恋愛が結婚にいたるものであれば、やはり二人の真の一致を確かめておくことは、ぜひとも必要でしょう。ただ恋愛感情だけが先走って、こんなに愛し合っている二人が、うまくいかないはずはないと勝手に思い込んでも、それは心の一致とは違います。それは、愛しているのではなく、好きという感情が高まっているのにすぎないからです。

愛するとは、もう少し冷静に物事を考えることのできる余裕があることです。もちろん考える余裕とは、決して打算を考えることではなく、真の一致に不可欠な条件を考えることです。

心の一致とは、お互いが高まった感情で、お互いの長所だけを見つめているところからは生まれてきません。永遠に変わることのない神の御言葉に立った揺るぎない一致であることが必要です。

もう少し一般的な表現をすれば、その人の生活原理における一致です。その人が、依《よ》って立つ人生観なり世界観なりを、ここで生活原理と呼んでいるわけです。

一例を挙げますと、「お金さえあれば」という信条に立つ人は、それがその人の生活原理であり、その人の考え方は、すべてこれによって律せられていると考えられます。もちろん、これだけを生活原理としている人も少ないでしょうが、とにもかくにも、それぞれの人には、意識するとしないとにかかわらず、ちゃんと生活原理があるはずです。この生活原理における一致が、まず第一に大切なことです。

しかし、今、例として挙げたような「お金さえあれば」というような生活原理で、本当の一致があるかというと、このようなものでは、実は一致にならないのです。というのは、このようなものは「欲望」につながっているものだからです。お互いの欲望における利害関係が一致している間はいいとしても、相反するようなことが起こったら、それこそ「昨日の友は今日の敵」という事態にならないと、だれが保証できるでしょう。

ですから、真の一致のためには、生活原理が同じであるというだけでなく、その生活原理の内容が本当に一致していることが大切です。

本当に一致しうる内容とは、お互いに、相手を幸福にしたいという願いと、そうする努力をするということでしょうが、どうしてこのようなことをお互いが内側に持っているのかといえば、お互いがただ好きだからというようなことではなく、聖書によって教えられているところに従うという決意があるからでなければなりません。

つまり、最終的に二人が一致する決め手が、移り変わりやすい自分たち人間の心の中の感情とか気持ちといったところに置かれているのではなく、永遠に変わることのない神の御言葉に置かれているということなのです。

ですから、信仰における一致ということの重要性を知っていただきたいと思います。それなしには、二人の一致の確かさなどあろうはずがないからです。

第六章　結　婚

一・結婚――その真の意味

○結婚さえすれば幸せになれるのでしょうか？

結婚というものを、だれでも年頃になればするものだというふうに簡単に考えている人がきわめて多いことは、まことに残念なことだと言わなければなりません。

結婚という人生における大事なことを決行するからには、そこにそれ相当の準備なり心構えがなければならないはずです。それなのに、人はいとも簡単に結婚を考えたり、甘美な夢を見て、それが結婚だと早合点したり、結婚しさえすれば、だれでも幸福になれるぐらいに考えています。

しかし、結婚については、十分すぎるくらいの準備をしても決してしすぎることはないでしょう。

先日、一人の女性の方（高校教師をしている人）からお手紙をいただいたのですが、次のようなことが書かれてありました。

「私は少しばかり教師として教壇に立ってみまして、教育というものの重要性がわかってくるにつれ、次第に自信がなくなってまいりました。ことに女一人で、生涯このような働きに携わっていけるだろうかという不安が湧いてくるにつけても、やはり自分は結婚して家庭に入るべきではないかと思うようになってまいりました。」

私は、この手紙を拝見したとき、すぐ心の中に疑問が湧いてきました。

この人は教育を非常に重要視しているのに、結婚とか家庭ということは、それほど重要視していないが、それでよいのだろうかという疑問です。

確かに高校の教師になるには、教職課程という科目を大学で学び、資格を取らなければならないのに対して、結婚するためには、そのような意味での資格は別に問われないでしょう。だからといって、結婚は何の準備もしないでできるものだと言ってよいのでしょうか。教育者になることは、きわめて重要な働きに携わることですが、結婚して家庭人になるということは、教育者に勝るとも劣らない重要な働きに入るのだということを見落としてはなりません。

「結婚さえすれば幸福になれる」というような甘い夢からは、ぜひとも覚めていただかなければなりません。そうでないと、多くの結婚破綻者と同様、あなたも苦い経験を自らなめる羽目に陥らないとも限りません。

つまり、何の準備もしないで結婚に突入するほど、無知でも愚かでもあってはならないのです。結婚を単なる人生行事の一つぐらいにみなして、だれでもできるぐらいに見くびって考えると、ひどい仕打ちを受けることになりかねません。あなたがそうならないように、心の準備をなさることをお勧めいたします。

○結婚敗北者とならないために

教育者になるためには、本当は教育者への召命（しょうめい）が必要です。今日、こういうものなしに、教職を一種の生活の具にしている教育者もたくさんおりますが、真の教育者はみな召命を受けています。ですから、教育に対する使命感を持っているのです。

結婚する人にとっても、そのことはまったく同じでなければなりません。

ただ漫然と結婚するというのではなく、結婚するように神によって召されているという召命が必要です。召命なしに結婚した人たちは、召命なしに教育者になった人たちと同様、ただ惰性で毎日を送ることになりかねませんから、そこに使命感などの湧いてくる道理がありません。このような人たちは、結婚の敗北者です。

そして今日、いかに多くの結婚敗北者がこの世にいることでしょうか。私たちの周りにいるほとんどの人たちはそうではありませんか。失礼なことを言うことを許していただきたいと思いますが、あなたのお父さんとお母さんの場合はどうでしょうか。また、あなたがすでに結婚しておられるのなら、あなたご自身の場合はどうでしょうか。結婚についての生きがいと使命感を持っている人を見つけだすことのほうが、今日むしろ困難だと言ってよいでしょう。

さて、結婚への召命とは、具体的には、夫への召命、また妻への召命として起こります。このように表すことによって、誤解を避けることもできます。

結婚への召命などと言いますと、人によっては、「自分の結婚したいという気持ちがそれだ」くらいに考えて、自分にはそうした召命はありすぎるぐらいにあると思い込んでしまう人がいるからです。

しかし、結婚への召命とは、そんなことではありません。男性について言えば、夫への召命のことであり、女性について言えば、妻への召命のことだと言ったほうがわかりやすいのではないかと思います。

○夫への召命・妻への召命

私たちは、果たしてそういう形で結婚ということを考えたことがあるでしょうか。結婚の甘美な夢を追っている人はいても、そうした形での結婚における私たちの責任というもの、果たすべき役割というものを考えてみたことがあるでしょうか。

結婚ということを考える場合、幸福な結婚を願わない人はいないでしょう。しかし私たちの結婚は、ただ夫婦の幸福のためだけにあると言ってよいのでしょうか。もっと別の言い方をすれば、結婚ということは、結婚する二人だけのものなのでしょうか。

そういうことになってきますと、結婚する二人の人間、その人間の存在目的という問題に関わってくるわけです。人間の目的とは無関係に、結婚の目的や意義が考えられるというようなことは、ありえないはずだからです。人生は決して夢のような甘さの連続ではなく、むしろ泥沼の中を行くような苦悩がしばしばです。ですから、夫と妻の間に、ただ夢のような甘さの追求がなされるのが結婚生活なのではなく、罪にまみれたこの世の泥沼を、罪の泥にまみれて、苦悩に耐えながら二人で助け合いつつ家庭を建設し、二人に与えられた使命を果たしていくというのが、結婚生活であるはずです。

夫への召命・妻への召命ということは、夫として妻として、結婚生活で果たすべき使命を正しく自覚し、そのためのあらゆる準備が整って初めて与えられるものだと言ってよいでしょう。結婚することによって果たしていかなければならない夫と妻の使命はきわめて重大なものであって、ある意味では、教育者などの比ではないと言っても決して言いすぎではないと思います。人間本来の使命は、何ものにも勝って重要であるからです。

なぜ人間本来の使命なのかと言うと、聖書においては、「神のかたち」に人間が造られたことから神を意識しないではいられない存在（宗教）ですが、そのほかには、人間が男と女とに造られたことから結婚があり、また人間が働く者として造られたことから働くということがあるのです。つまり、働くということへの使命感は、人間の本来的なものと言えるわけですが、一方で、教育という働きだけが重要だとは必ずしも言えないと思います。

私は、教育の重要性をいささかも過小評価しようとは思いません。それは、人格形成という大切な働きだからです。しかしこの働きは、学校だけでできるものではなく、むしろ家庭において、もっと重要な役割を果たすのだということを覚えていただきたいと思います。

○結婚は責任を負える者同士のものです

結婚ほど、神の御前（みまえ）において考えなければいけないものはありません。このほかにも、人生の誕生、また人間の死を挙げることができます。ですから、こうしたときには、普通の人なら、日ごろ不信心であっても、神社やお寺や教会へ行くものです。

しかし、本当に信じてもいないのに、神前結婚式を挙げるのはおかしいという思いも手伝ってか、最近は、神前結婚式は年を追うごとに減少し、キリスト教式結婚式が増えております。

それでも、キリスト教を信じてもいないのにそういう結婚式を挙げることも、おかしなことです。

世の一般の人が、結婚のことを、それほど重大に考えていないことだけは事実です。

多くの人々は、ある形式で行われている結婚式なるものは、実は世のしきたりなのであって、それに反することをして他の人たちから白い目で見られるようなことをしたくないという考え方を持っています。そのような考え方は、日本人の主体性のなさを如実に表しているものと言えるでしょう。

私たちが本当に考えなければならないのは、外側や形式ではなく、内側であり、内容なのです。どのようなことにおいても、自分の発言や行動に対しては、自分で責任を取らなければならないはずです。これが一人前の人間です。ところが、みんながやっているから自分もやるというような考え方は、無責任だと言わざるをえません。

特に、戦後、民主化されたとはいっても、責任を取る人間の教育がなされたとは言えず、何でもはっきりものを言うようにはなりましたが、そのほとんどは放言に近く、自分の言ったことに対して自分が責任を取るというのは皆無に等しいのではないでしょうか。

自分の問題に対して自分の責任で行動しなかった人は、やがてその仕打ちを自分が受けなければなりません。

たとえば、まだ学生でありながら、「できちゃった」がために結婚し、学校をやめて働きに出たはいいけれど、男性は仕事も続かず、女性は子育てのストレスから子供を虐待するといった恐ろしい事態を招く話もよく耳にします。自分たちだけでなく、子供にまで被害が及ぶのです。

しかし、これは結婚を決めたカップルに際しても同様のことが言えます。

結婚をするのは、親でも兄弟姉妹でもなく当人であり、肉体だけでなく、考え方において一人前になっていない人には、とうてい無理なことだからです。

親の側からすれば、自分の息子や娘の結婚については、良かれと思えばこそ、一所懸命になって考え、あれこれ意見を言うわけです。そして、自分よりも多くの人生経験を持っているそれらの人々の意見は、十分に尊重されなければなりません。しかし、最終的に決めるのは、ほかのだれでもなく結婚する当人であることは、今さら言うまでもないことです。

要は自分の問題に自分で責任を負えない人が、自分の問題に対し、自分で責任を負っていかなければならない生活にどうして入れるでしょうか。

一人でいる場合には、まだ被害は最小限度に食い止めることができますが、結婚生活に入った場合には、それはいろいろな方面に影響を及ぼしていきますから、あとで取り返しのつかないことになりかねません。

事実、多くの離婚者がそのことを示してはいないでしょうか。両親の離婚や不和のゆえに、そのしわ寄せを一身に負ってしまった多くの子供たちに、その例を見ることはできないでしょうか。甘いと思っていた結婚の夢が破れて、惨めな敗残者となってしまった人たちが、そのことを立証してはいないでしょうか。

こうした責任の有無については、配偶者の選択から何式の結婚式を挙げるかという細かな点にいたるまで、すべてのことについて言えると思います。

○結婚の奥義とは？

私たちは、自分のことについて自分で決断を下すような訓練を、それまでにしてこなかったという後悔をこのときになってしなくても済むように、責任を取ることのできる一人前の人間、つまり責任感を持った人間になることから、結婚の準備をスタートすべきです。

聖書では、結婚について次のように教えています。

「人はその父母を離れ、妻と結ばれ、ふたりは一体となるのである。」（創世記２・24）

結婚においては、神によって定められた一人の男子と一人の女子が、父母を離れて一体になることなのです。

あくまでも、結婚とは一人の男子と一人の女子のことなのであって、家と家との結婚ではありません。また、精神的にも経済的にも、父母を離れて以降の独立した人間、つまり一人前の人間である男女が結び合うことなのです。半独立の人間、まだ一人前になりきっていない人間では、本当の結婚はありえません。

ここで、結婚とは二人が一体になることだと教えられていますが、ここに結婚の奥義がありあます。この一体とは、言うまでもなく、肉体だけのことではありません。人間は霊と肉体とからなっている統一体ですから、二人の男女が一体になるということは、霊的にも肉体的にもまったく一つになるということです。

聖書の創世記に記されている男と女の創造の箇所（2・18～25）は、きわめて意味深いところです。拙著『創世記（私訳と講解）』の中から、少し引用してみたいと思います。

「世界は神の御手によってでき上がり、『それは、はなはだよかった』（1・31）。しかし、どこを見渡しても、人間（アダム――アダムとは人間という意味）の『助け手』は見出せなかった。神の霊を入れられた人間と交わりうるものは、ほかに全然、存在しなかったのである。人格を持ったものは、いつでも人格を持ったものと交わりを持たずにはいられない。もちろん神が造られたものは、みな彼を楽しませ、喜ばせてはくれたが、彼の『助け手』として、彼と真に交われるものはなかったのである。確かに人格を持っておられる神はおられたし、交わりという点でも、神との交わりで十分であったであろうけれども、人が男として、一方の性だけで一人でいるということは、よくないことであった。

神は言われた、『人がひとりでいるのはよくない』と。今や人間にゆだねられた聖（きよ）い使命を達成するにあたり、単独よりもさらに良い存在の状態があるというのである。『ひとり』とは、単なる『孤独』というだけの意味であろうか。確かに楽園には管理の仕事があり（2・15）、多忙なために、その助け手を要していたであろうが、助け手は『多忙』という理由から造られたのではなかった。もしも単に『孤独』とか『多忙』というほどの理由だけで、助け手を必要としていたとするならば、神は決して『彼のためにふさわしい助け手』とは言われなかったであろう。『ふさわしい』という言葉は、もともと原語ではどういう意味であろうか。それは、対立の関係にあって、しかも性質の似ているものを表す言葉である。対立者として相互に必要な存在であり、似ているものとしてお互いに協力する存在、つまり別個の人格者でありながら、ふたりは一体となり、お互いに相手の中に自分の姿を認めるもの、それが『ふさわしいもの』である。だから、そのような助け手は、孤独や多忙の必要を満たすほかの男たちのことではなかった。ふたりが一体となるべき『ふさわしい助け手』なのであった。

それでは、神はなぜ人間を最初から男と女のふたりとして出現させずに、男であるアダムを先に出現させ、あとから女であるハバ（エバ）を出現させたのであろうか。結婚というものは、本来、ふたりの男女の結合ということではない。むしろ、一個の人格者の分立ということがあって、初めてふたり一体の原理があるのである。つまり夫婦はふたりの結合ではなく、もともとひとりであったふたりの男女が、そのもとの姿に帰り、男と女という両性において、単一の人格者として歩むことなのである。」

○「一心同体」と「一体」の違いとは？

少し長々と引用しすぎたかもしれませんが、夫婦が一体になるということの原理を教えている創造の秩序についての聖書の教えにこそ、私たちの依《よ》るべき足場があることをよく知る必要があると思います。

一体になるということは、いわゆる一心同体とは違います。私たちが一心同体になると言うときには、「二人はもともと別々なのだから、せめて一心同体なのだと思いなさい」と言い聞かせているようなニュアンスがあるからです。一心同体というのが、聖書の教えているような意味なら、もちろん文句はありませんが、気になることは、「一心」という言葉です。

夫婦はもともと一個の人格を持ったものが分立して、その二人が一つになるということを原理として持っておりますが、実際には、二人はそれぞれ半人前の人格を持った者なのではなく、それぞれ一人前の人格を持った者たちで、その二人が一つになるのです。しかも、体も二つの体が一つになるのです。

つまり、結婚するまではそれぞれが一人前の男女であり、それは、二心異体なのです。その二心異体が結婚することによって一つになるのです。何もせずに別個の存在が、一心同体になどなれるわけがありません。

夫婦となるべき男女は、もともと個々の人格を持った人々です。その二人が一体、つまり一つの体（霊と肉体を持った一個の人間）になりうるには、そこに神によって夫婦となるべく定められていた男女というものが存在しなければなりません。

「その男女は、神によって定められていた」ということだけが、この二人はもともと一体の存在であり、そうして初めてその一個の人格者の分立ということがあるわけなのです。

ですから、神が夫婦となるように定めておられた男女ということなしに、夫婦の一体があろうはずはありません。

○結婚式の中心となるものは何でしょうか？

こうなりますと、神によって定められていたお互いであるということの確信は、きわめて大切なことになってきます。それなしに、夫婦が一体になるということは実現できないからです。夫婦一体がこのことを基盤としている以上、結婚式は、夫婦となるように定められた神との契約がその中心になるはずです。

年とともに結婚式は豪華さを極め、普通の人では一生涯かかっても、とうていためられないと思われるほどの高額な費用を使って結婚式を挙げる芸能人も現れる始末です。しかし、結婚式は、その外観の豪華さのゆえに内容も素晴らしいとは決して言えません。むしろ外観の華やかさは、内容のお粗末さを隠しでもしているかのように見えてしまいます。華やかな結婚式が結婚の揺るぎなさを少しも保証していないことは、そのように高価な結婚式を挙げた人が、ほどなく離婚していく事実によっても、よくわかると思います。

ところで、神式・仏式・キリスト教式・無宗教式など、いろいろなやり方で結婚式が挙げられますが、いったい結婚式の中でこれがなければ結婚式とは言えないというものがあるとしたら、それは何なのでしょうか。それを知ることによって、これらの多くのやり方のどれが無意味であるかがわかると思います。

結婚式の中心は、決してごちそうの出る披露の宴ではありません。とすれば、結婚する人にとっては、何が一番重要なことなのでしょうか。式や宴よりも婚姻届を出すことだと考える人がいるとしたら、それは、法律論にとらわれていると言ってよいでしょう。たしかに、法的には結婚の届け出をしなければ、夫婦とは認められず、そうした意味では婚姻届を出すことが大切なことは、法治国家に生きている私たちに異存はないはずです。それならば、どうして式を挙げたり披露をしたりするのでしょうか。式などは単なる形式にすぎないのでしょうか。

先にも申しましたように、結婚とは、何であるよりも、一人の男子と一人の女子が一つになることです。しかもその男女は、神によって夫婦となるべく定められていた人々でなければなりません。もしもそうでなければ、それは同棲にすぎず、同居にすぎません。同棲や同居と結婚の違いは、法的手続きの有無にあるのではなく、二人を固い絆で結ぶ最も深い何かでなければなりません。

それはいったい何なのでしょうか。

それこそ「神によって結ばれたか」どうかであるはずです。神によって夫婦となるべく定められた男女であって、初めて神によって結ばれます。

そうであるとすれば、結婚式において不可欠なものは、二人の神の御前（みまえ）における そのことの誓約でなければならないはずです。それが結婚式であり、また結婚式の中心なのですから、キリスト教式で結婚式をしさえすればよいというようなことではありません。いくらキリスト教式の結婚式を挙げたところで、お互いが神によって定められた自分の配偶者であるという確信がなければ、それは内容のない形式だけのものにすぎません。

○「夫婦が一体となる」には努力だけでは不可能です

それでは、このような契約をし、お互いに相手が神によって定められていた自分の配偶者であるという確信さえ持っていれば、それで夫婦は一体になれるものなのでしょうか。

これが、結婚のスタートになければならないことは確かです。

しかし、結婚というものはこれで終わりなのではなく、ここから始まるのです。神が定めておられるという事実が、二人の一体性を保証してはおりますけれども、二人が一体だというのは、この事実の上に実現していかなければならない当人たちの課題でもあります。

つまり、神によって定められているという事実によって裏付けられ、一生涯を通して二人で実現していかなければならない大きな事業なのです。

そういうことを少しも考えないで結婚している多くの人々がいることを、私は知っておりま す。何も考えず、何の責任も自覚することなしに結婚していって、どうして何の戸惑いもなしに結婚生活をまっとうすることができるでしょうか。

動物と人間との違いはそこにあると言ってよいでしょう。意味も目的もない仕事には、人間は耐えられないのです。結婚が何のためなのかということを少しも考えないで結婚するということは、こうしたことからも無謀だとは思われないでしょうか。

結婚とは、神によって定められている、一人の男子と一人の女子とが結び合わされて、「一体となる」ことです。それは、一人の人格ともう一人の人格との全人間的な結合のことです。ところが、この二人は結婚するまで、その育ちも環境も考え方もまるで違っているのです。このまるっきり赤の他人であった二人が、よそ行きの気持ちではなく、全人間的に一つになるということは、ほうっておいてできる道理がありません。

それでは、どうしたらこの「一体になる」ということを実現していくことができるのでしょうか。相手の考え方にただ共鳴するとか、相手の趣味に好感が持てるとか、相手にまつわる何かに心を引かれているというようなことでは、決して「一体になる」という実を表していくことはできません。

この「一体になる」ということは、もちろん二人の努力が必要であることは言うまでもありませんが、自分たちの努力だけでできるようなものではありません。一体にしてくださるのは神なのですから、神が一体にしてくださるという信仰がなければならないはずです。

お互いにまるっきり違ったもの同士——たとえ信仰が同じであったとしても、それ以外の点では全然違ったもの同士です——が長い間一緒に生活するということは、いろいろな点で難しいものです。最初の半年や一年ぐらいは遠慮もあり、自分の良い面だけを相手に見せることはできるでしょうが、それ以降は、やがて地が出てきてしまい、鼻についてしまうものです。そうしたときにも、なお二人が揺るぎない結婚生活をし続けることができるためには、そこに神によって結び合わされたという信仰がなければ不可能です。

クリスチャン同士の結婚においては、その結婚の基礎にキリストがおられます。そしてキリストが私たちを受け入れてくださったように、私たちも互いに受け入れ、お互いの罪を赦《ゆる》し合いつつ、ともに生きることができます。お互いにただ自分の権利を主張したり、批判したり、裁いたり、見下げたりしないで、お互いに負い目を負い合うのです。お互いにありのままを受け入れて、喜びも悲しみもともにするのです。ここに信仰者の夫婦の素晴らしさがあります。

「神が合わせられたものを、人は離してはならない」という結婚の宣言を真に心から受け入れることのできる人にとって初めて、ただ二人が愛し合っているということや、好きだということが結婚の真の条件ではなく、「神が合わせられた」というところに、結婚の確かさと不可侵性を見出すことができます。

聖書では、結婚における夫婦の関係を、キリストと教会の間柄になぞらえております。

「妻は、主に対するように、自分の夫に対しなさい。それは、キリストが教会の頭（かしら）であって、教会の救い主であられるように、夫は妻の頭だからである。教会がキリストに従うように、妻もすべてのことにおいて、夫に従うべきである。一方、夫は、キリストが教会を愛して、教会のためにご自分を犠牲にされたように、自分の妻を愛しなさい。キリストがそうされたのは、御言葉によって教会を洗い清め、聖いものとするためであり、また、しみもしわも、そうしたものが何ひとつない、聖くて傷の無い栄光に輝いた教会を、ご自分に迎えるためである。ちょうどそのように、夫も自分の妻を、自分の体のように愛さなければならない。だから、自分の妻を愛する者は、自分を愛することにほかならない。」（エペソ5・22〜28）

夫婦の一体性、夫婦の関係が、キリストと教会の関係になぞらえられているということは、結婚の神秘性をいかんなく表していると言ってよいでしょう。

結婚には、神秘的なものがまつわっております。「神が合わせられた」か、「神が定めておられる二人の男女」というようなことによらなければ、結局、説明ができない事柄がそこにはあるということです。

そして、それを突き詰めて言いますと、結局は、結婚というものは信仰によらなければ真に正しく実現できないということになるわけです。聖書が夫婦の関係をキリストと教会との関係になぞらえているということからも、私たちはこれを信仰の問題として受け取っていかなければならないと思います。そして確かに、結婚の問題をこのような信仰の問題として受け取っている人々は、そうでない人たちとは比べ物にならないほど素晴らしい夫婦の関係を成り立たせていることもまた事実です。

○家庭の基礎は親子ではなく夫婦です

よく結婚することを、「娘を嫁にやる」とか、「嫁にもらう」とか、あるいは「娘を片付ける」などと言う人がいます。しかし、こうした考え方の行われるところに、どうして一人の人格としての男性と一人の人格としての女性の全人間的な結びつきがありうるでしょうか。

先に、結婚は家と家との結婚ではないと申しましたが、同時に、わが国においては、女性がいまだに一個の独立した人格として考えられていないのではないかという不安を抱かせます。こうした言葉は使うべきではありませんし、そのような考え方を持つべきでもありません。

女性が一個の人格を持っていると考えられないところに、どうして夫婦が一体になることができるでしょうか。どうしてそこに真の家族がありうるでしょうか。

結婚とは、そこに家庭を作ることを意味します。そして、家庭の基礎は夫婦なのです。日本では、従来家庭の基礎を夫婦にではなく、親子に見出していました。しかし親子とは言っても、実は父子であって（儒教の五常五倫）、婦人である母親は除《の》け者にされています。そこでは、夫婦でさえも上下関係において律せられていて、女性は男性と対等ではありません。現代において、日本の憲法で次のように規定されたことで、ようやく近代社会になったと言えると思います。

「婚姻は、両性の合意のみに基づいて成立し、夫婦が同等の権利を有することを基本として、相互の協力により、維持されなければならない。配偶者の選択、財産権、相続、住居の選定、離婚及び家族に関するその他の事項に関しては、法律は、個人の尊厳と両性の本質的平等に立脚して、制定されなければならない。」（憲法24条）

しかし、どんなに法律で規定していようと、私たちがこのことをどれだけ正しく自分のものとして自覚し、実現していくかが、むしろ大事なことなのです。そう考えたとき、実際には、今なお結婚式場の立て看板には、家と家との結婚をアピールし、一人の男子と一人の女子との独立した人格同士が結び合わされるのが結婚であると考える人々は、まだまだ少ないのではないでしょうか。

私たちがそのことをもっと自覚し、自分の結婚というものをよく考えてみる必要があるでしょう。

○「性」の共同体とは？

結婚というものを、一心同体と考えるよりは、むしろ一人の人格ともう一人の人格との結合と考えたほうが正しいと先に述べましたが、それは結婚こそ性の共同体であるからなのです。

一心同体というと、とかく夫唱婦随で、妻のほうがただ夫の言いなりになることで、それこそ円満な夫婦だと考えがちです。しかし結婚は、性の共同体なのであって、二人の独立した人格が、そこで共同体を作ることなのです。

なぜ「性の共同体」なのかと言いますと、夫婦以上に男性と女性ということでつながっている共同体はないからです。それは言うまでもなく、性的行為においてだけつながっているという意味ではなく、本来の意味において、男性としての人間と女性としての人間の全人間的結合のことです。

結婚は何よりも共同体なのです。飾ることなしに、二人の人格が最も深いところにおいてつながり、交わりを持つ場なのです。

もしも私たちがここにおいて、真に人間的な交わり、つまり心と心の通い合う人格的交わりができないのだとしたら、私たちは人間として失格者であって、まさに悲劇だと言わなければなりません。現代人が孤独であるのは、こうした深い心と心の通い合う交わりを、ほかのだれとも持つことができないところにあるのでしょう。そして、このような真の正しい人間の交わりが成り立つのは、実は、結婚においてであるはずです。

ところが、この現代において、いかに多くの失敗者がいることでしょうか。

今日、一年間に約七十万組の結婚が行われているということですが、その同じ年で、数からすると、そのうち約三分の一以上の二十数万組が、悲しむべきことに離婚していっているのです。離婚はしなくても、離婚寸前、空中分解しそうな夫婦は、相当数にのぼるのではないでしょうか。いやむしろ、揺るぎなき結婚をしている夫婦を探しだすことのほうが難しい、と言ってよいのではないかと思います。

大部分の人は、結婚とは一体になることであり、性の共同体を形造ることだと考えたこともないでしょう。しかし、夫婦関係に少しでも苦痛を感じているのなら、こうしたことをいい加減に考えるのは、自滅行為です。

○自分に死んで、相手を生かす

どうしたら、空中分解寸前の危機から脱することができるのかについてはのちに譲りますが、ここでは、その予防について真剣に考えていきたいと思います。

結婚しさえすれば、甘い幸福な家庭ができるとでも思っている人がいるとすれば、現実は決してそんな甘いものではないということをよく知っていただきたいと思います。

結婚する私たちお互いが、自分のことしか考えない、わがままな罪人同士なのだということを見落としてはなりません。お互いがそのままでいて、少しも自分は傷つかないでいて、相手に要求することばかりしていたのでは、決して一体にはなれませんし、共同体を形造ることもできるはずがありません。

共同体というのは、そこに愛と信頼がなければ、絶対に成り立たないものです。そしてその愛は、私たちが生まれながらにして持っているようなものではなく、神の捨て身の愛でなければなりません。それは、キリストが教会を愛してご自分の命を捨てられたあの犠牲的な捨て身の愛です。

夫がこの愛を持って妻を愛し、妻が、教会がキリストに従う畏《おそ》れと尊敬とを持った人格的服従によって夫に従うとき、そこに自ら信頼関係が生まれてきます。結婚において共同体を形成する場合、自分のことばかり考えている二人では、決して成り立つものではありません。「自分に死んで、相手を生かす」という宗教的行為のないところには不可能なのです。

そこに、信仰の重要性と、また必要性があるわけです。

○霊と肉体における「性」の純潔

ですから、この共同体を破壊する行為とは、言うまでもなく、相手を裏切る行為です。

性の共同体が神の創造の秩序において成り立っている以上、相手への裏切り行為は、神への裏切り行為でもあります。姦淫《かんいん》が罪である理由も、そこにあると言えるでしょう。神が共同体形成を許される以前の性行為が許されない理由も同様です。

私たちの性の共同体は、二人だけの契約で成り立つのではなく、それを成り立たせる拠りどころは神にあるというところに、この共同体の真の確かな裏付けがあるのです。

ところで、こうした性の純潔を、一般には性行為の純潔と肉体のことのみで理解していま す。要は、夫婦以外で行われる性行為は、性の共同体を破壊するという理由で罪だと断定されがちです。

しかし、性の共同体を形成しているのは、肉体だけではありません。霊と肉体の両面を持った全人間なのですから、性の純潔ということも、そのように考えられなければなりません。

人間が性行為をすること自体、人間の霊的な面・精神的な面と切り離してしまうことは不可能です。もしもそれを切り離してしまいますと、ギリシャの霊肉二元論になってしまい、霊は善いが肉体は悪だというような思想が出てきてしまい、性行為のみを問題としがちです。

しかし、次の有名なイエス・キリストの御言葉は、実に鋭い洞察をもって、私たちに全人間的性の純潔を迫ってまいります。

「だれでも異性を見て情欲を抱くなら、すでに心の中で姦淫をしたのと同じです。」（マタイ5・28）

ですから、性の純潔が語られるとき、性行為の純潔だけでなく、精神的純潔が問題にされなければならないはずです。性行為なるものは、精神的によろめくところからすでに始まっているからです。

神によって自分の配偶者と定められている人と巡り会うための人生の旅路は、楽しいものですが、また不安の伴うものでもあります。一時も早くその人と巡り会いたいという気持ちが、とかく自分に親切にしてくれる人をそれではないかと早合点しがちなのです。特に若い人の情熱は燃え上がりやすく、ちょっとしたことで火がつきやすいものですから、大いに注意しなければなりません。

○神によって定められた人を準備して待ちましょう

神によって定められた人と巡り会うまでは、いつまでも辛抱して待つという忍耐強さが必要です。しかしこの忍耐強さは、いったい何によって支えられるものなのでしょうか。ある人は、自分たちに定められている人がいるのだという確信と期待だと言います。しかし先ほども申しましたように、青年期のそうしたものは、きわめて不安定なものなのです。異性のちょっとした親切や共鳴を、すぐに何かと誤解しやすいのです。そしてその人が自分のために定められた人だと思い込みやすいのです。

多くの失恋者が経験していることは、当事者はきわめて弱いということです。甘い恋のささやきにも、すぐ動かされやすいのです。たとえそれが他の第三者の場合であろうと、心をかき立てられる力を持っています。ましてや自分に対して語られるものであるならば、じっとなどしていられないのが本当のところではないでしょうか。

では、神によって定められた相手であるということは、どのようにして判断したらよいのでしょうか。これはなかなか難しく、その判断を正しく下せるためには、かなりの準備が必要になってきます。「恋は盲目」などと言いますが、恋の渦巻の中に入り込んでしまったら最後、それは一種の熱病のようなもので、当人は決して冷静な判断が下せるものではありません。そして、もしもそのようなときにも、なお冷静な判断が下せるとしたら、その人は、すでに世間ずれしている人か、さもなければ、まだその熱病にかかっていない人かに違いありません。

自分の配偶者選択は、このように重大なことであり、一度それを誤ったら、やり直しがきくというような事柄ではありませんから、慎重にしなければならないわけです。しかし、ただ慎重にしていれば、それで成功するというものでもありません。そこには、どうしても神によって定められている人だという判断が必要で、それこそ信仰の目が必要になってきます。

生涯を通して、夫婦は幾多の困難と危機とも言うべきものを迎えます。そのとき、二人でそれを乗り切っていける人は幸いです。

真の共同体が形成されていない夫婦の場合は、お互いに別々に考え、行動しようとしがちですから、すでに生じていた亀裂がさらに広がり、共同体の破壊をもたらしかねません。

そのときにも、共同体を形成してくださった神への信仰のみが、正しい解決の方向へと向かわせるのです。

○同じ信仰に根ざす人とは？

このように考えてくると、結局、神によって定められている相手であるということを決める決め手は、どんなことが起こっても、二人で心を合わせ神の御心（みこころ）に従ったやり方で解決することができる人でなければなりません。ですから、当然のことながら、同じ信仰であること、神の御心の啓示されている聖書に従って、何でも解決しようとする人々同士であるということです。

それ以外のこと、つまり、相手の学歴だとか、家柄だとか、趣味・収入・容貌容姿などは、問題外だと言ってよいでしょう。こういうことを結婚の相手選びの条件にして結婚した人で、いったいどれだけの人が幸福な結婚生活を送っているでしょうか。そういう外的なものよりも内的なもの、しっかりとした家庭を築ける信仰に根ざした人こそ、神が配偶者として定めておられる人と考えたら、ほぼ間違いありません。

結婚とは性の共同体であるということから、最後に一つのことをお伝えしておこうと思います。このことは案外ないがしろにされていますから、ぜひともよく覚えておいてください。

あるとき、一人の婦人が私のところへ来て、しきりにご主人のことを非難しました。

「うちの人は会社では立派な仕事をしているかもしれませんが、女ぐせが悪く、現に若い女の子と同棲しているのです」

そこで、私はその人に質問をしてみました。

「あなたは、夫婦げんかをしたあとで、ご主人が性行為を求めてきたとき、拒否したことはありませんか」

すると、その人はこう言いました。

「もちろん、ありますよ。けんかをしたあとで、どうしてそんなことをする気持ちなんかになれますか」

そこで、私はその人にこう話しました。

「男と女の違いをあなたはご存じないのです。男は性行為をするとき、雰囲気をあまり気にしません。夫婦げんかをしたあとであっても、性行為をしたいという気持ちは起こるのです。しかし、女性は違います。そんな雰囲気で、とてもする気にはなりません。そうすると、拒否されて傷ついた男性はやらせてくれる女性のところへ行くことになるわけです。ですから、あなたのご主人があなた以外の女性のところへ行ったのは、間接的には、あなたに原因があったのです。そういうわけですから、ご主人だけを非難するのは、ちょっとピント外れではありませんか」

今まで、意気込んでご主人を非難していたそのご婦人は、静かに私の言うことに耳を傾けて聞く姿勢に変わりました。

そこで、私はさらに話を続けました。内容を要約しますと、次のようなことになります。

そのことについては、聖書にも教えがあります。

「結婚した夫婦は、それぞれ自分の体を、自分の思いのままにする権利を持ってはいない。それは、夫婦共有である。」（コリント第1　7・4～5）

つまり、性行為をする場合も、自分の気分だけでそれをしてはならないのです。夫がそれをしたいと言うときにそれを拒んではならず、拒めば、結果として別の女の所へ行かせることになるわけです。しかし、これは妻の側にだけに要求すべきことではなく、夫の側にも同様に要求されなければならないことでもあります。女性は雰囲気を大事にし、夫婦げんかをしたあとでは、とてもそんな気になれないんだということを知る必要があるということです。

夫婦の性行為は、自分の欲求満足のためにあるのではありません。夫の側からすれば、相手に自分を与える形で相手を満足させることを考え、妻の側からすれば、相手を受け入れる形で相手を満足させることを考えることが必要です。ただ自分の性欲を満足させることだけを考えてそれをするのであれば、本当の性の共同体を形造ることはできません。

性の共同体がきちんと形成されていないと、ちょっとしたことで、離婚に発展しても決して不思議ではないのです。

二．独身のうちに準備しておくこと

○結婚の準備――男性編

今までに述べてきたところで、結婚について大ざっぱには理解できたと思います。

ここでは、具体的に結婚の準備をする場合、どのようなところに目をつけたらよいかということをお話ししようと思います。

しかし、これはあくまでも一般論としてお話ししているので、いわば結婚の準備における基本的な考え方だと思ってください。つまり、例外はいくらでもありますし、あなたがその例外であっても構いませんが、その場合、この基本的な考え方に反することの困難さをよく承知しておいてほしいのです。要は、猪突猛進する無知を避けていただきたいというのが、私の願いなのです。

とはいっても、基本がしっかりしているなら、「手鍋提げても……」という猪突猛進型が必ずしも排斥されるわけではないということも覚えておいていただきたいと思います。

そこで、話の順序として、どのような相手を選ぶべきかについて述べる前に、自分自身はどのような準備をしておくべきかについてお話ししましょう。

まず、男性の場合について考えてみましょう。

男性が、夫となるべき資格を備えるために考えておかなければならない点は、どのようなものでしょうか。

結婚するためには、考え方において一人前になっていなければならないわけですが、まず十分健康な体を持っていなければなりません。これは、健康な家庭を築くうえで大事な点です。そのためには、規則正しい生活をすることが大切です。ふしだらな生活をしている人は、肉体の面だけでなく、精神の面でもゆがみがちになります。

また結婚する人は、夢を見るわけではなく、現実の生活をするのですから、当然、経済的な能力を持っていなければなりません。必要以上の収入を望むことはありませんが、確実な収入があって、二人の生活を支えることができなければなりません。夫婦の間で、経済的問題はとかく小競り合いのタネになりがちだからです。

ですから、現実に経済的な面で独立していない人、例えば親がかりの人は、結婚を現実の自分のことと考えて行動することはできませんから、当然結婚目当ての付き合いなどはすべきではありません。たとえ友情以上に関係を深めたとしても、それは実らず、最後は悲劇に終わることがほとんどです。学生の人たちは、このことをよく考える必要があります。

結婚生活は、ささやかなところから始めるのがよく、ぜいたくも、けちけちするのもよくありません。そのために必要な経済的能力を、少なくとも現時点で持っている人でなければ、結婚を現実に自分のこととして考えるべきではないでしょう。

男性は、仕事を一生涯のこととしなければなりません。ですから、仕事で一人前でなければ、たとえ結婚して家庭を築いたとしても、問題が起こりがちです。とはいえ、仕事に打ち込むことばかりしている人も考えもので、その点、健全な均衡の取れた人間であることが必要です。

結婚の一つの役割は、夫婦相互の啓発にありますから、妻を幸福にし、妻をあらゆる面で向上させるように努力する責任があります。そのためには、女性の性格や心理についてよく理解することが大切です。女性の外面的な特徴ではなく、内面的な特徴をよく知り、性についての女性の心理を知ることも必要です。

また夫は、妻を支え、保護する役割を果たさなければなりませんから、それに必要な堅実な性格や内面的な力を自分のものとするように努めることが必要です。中でも、必要になってくるのが自制心ではないかと思います。

そして、良い夫になろうとするならば、強い責任感を養成しておかなければならないでしょう。

結婚は幸せであればそれでよいというのではなく、果たすべき重大使命があるのだというところに重点を置いて考えるべきです。結婚には、もちろん楽しい面もありますが、同時に苦難や努力の必要な面のあることを見落としてはなりません。

男性は、このような夫となるための準備をしておくことが大切です。

○父親として準備しておくべきことがあります

それでは、父親となるべき資格についてはどうでしょうか。以上挙げたことと重複することは避けるとしても、健康体であることは、ぜひとも挙げないわけにはいきません。これは、子供たちにいろいろな形で影響を及ぼすからです。

また、父親は寛大な心が必要です。試練に出会ったとき、それを乗り切っていくためには、勇気も必要です。

そして、勤勉な習慣も必要です。子供は親の真似をするからです。遺伝ということだけでなく、父親の生活が、子供に良い模範となるか悪い模範となるかのいずれかによって、子供に影響を及ぼします。

ですから、父親としての資格は、良い教育者でなければならないということです。

また子供を持つと、多くの困難が次から次へと起こってきますから、父親は一家の主人として、堅牢な意志と性格を持っていなければなりません。子供たちを教育するには、絶えざる忍耐と没我が必要です。

こうした精神を養うために、若いうちからボランティアの奉仕を実践しておくことが大切です。教会学校の教師をしたり、被災地で実際に体を使って活動することは、こうした点でも重要なことと言えるでしょう。子供たちを教え、指導したり、震災地で活動するのは、自分自身の良い修養になるからです。

○結婚の準備――女性編

それでは、女性の場合はどうでしょうか。良い妻となる資格として、健康でなければならないことは言うまでもありません。ことに妻の仕事は重労働であり、これに耐えられるためには、健康であることが何よりも大切です。

つまらぬことからスマートになりたいとして、食べるものもろくに食べないでいるような女性は、この点で失格者であると言わなければなりません。妻が病気がちの家庭は、家庭において何かと問題が起こりがちですから、女性は特にこの点に留意していただきたいと思います。

また、家庭がうまくいくためには、家事についての知識や技術を習得しておく必要があります。夫の資格として経済的能力ということを挙げましたが、それと並んで、妻の資格として、この点を挙げたいと思います。

しかし、こうした花嫁修業と呼ばれるものと並行して、本当の知的教養を身につけておくことも大切です。夫との良い話し合いができなければ、真の共同体を形造ることはできないからです。夫の経済的活動、妻の家事がいくらうまくいっていても、心と心の触れ合う交わりの時がなければ、それは真の家庭とは言えないでしょう。

また、良い妻となるためには、自分の意思を鍛えておくことが必要です。結婚して家庭生活を送るようになりますと、独身でいたときよりも多くの困難が起こってきます。

しかし、独身のときとは違って、一人で乗り越えなくても、夫婦が力を合わせて乗り越えていくことができるわけですが、家庭を平和と喜びと憩いの場にするためには、妻に多くの精神力と勇気が必要になります。家族の病気のために疲れ、夫の欠点のために失望、経済的重荷、さらには、子供たちからくる過労などが、次々にやってきます。これに耐えるには、独身のうちから自分の性格や意思を鍛えておき、感情の浮き沈みに身を任せたりしない訓練が必要です。

このように多くの困難に耐えていくには、信仰による内的生活に力を入れることが大切です。どんな困難にも耐えるには信仰が大切なのに、結婚のことを考え始めると、信仰よりも結婚の実際のほうに傾斜していく人がおりますが、そうした二元論的な考え方をせず、結婚の問題を信仰の立場から考えるためにも、信仰に励むことが大切です。

これは、結婚してからも同じように強調されなければならないことで、独身のときの信仰がいよいよ具体的な日常生活において試されるのだと言ってよいでしょう。

このように、妻となるべき女性が準備しておかなければならないことと同時に、結婚すれば早晩母親になるわけですから、母親としての準備もしておかなければなりません。

次に、その点について、いくつか述べておきましょう。

○母親として準備しておくべきことがあります

母親の資格としては、やはりまず健康であることが挙げられます。子供を産み、育てていくためには、母親が健康体であることはきわめて重要なことです。健康体であれば、妊娠も楽ですし、子供たちのこまごまとした世話も楽にこなすことができ、それほど疲れを感じることなく済みます。

ところが、この大事なことが案外見過ごされていることに気づかされます。女性はこの点よく考え、自分の健康増進のために規則正しい生活をするように心がけてください。子供を育てる母親がどれほど重労働であるかを考えると、このことは、まず第一に挙げておかなければなりません。

また、母親となるためには、育児や子供の教育についての手ほどきを受ける必要がありますす。今日、大学教育を受けた人たちの中でも、自分が専攻した科目については深い知識を持ちながら、こうしたことについては、その場になれば何とかなるだろうと思っている人が案外多いのです。何とかならないから多くの問題を起こしていることを覚えてください。

しかし、これは、単に理論的な知識だけのことではなく、実際に経験してみることが大切です。その点、幼稚園や保育園で働くことや、教会学校の教師などの経験を持つことはきわめて有益です。

特に、妻となり母親となる人にとっての最も良い準備は、ほかの人たちのために自分の空いた時間をささげることです。教会や神の働きにおいても、そうした奉仕をすることは、きわめて有益なことを覚えてください。

こうしたことを何もしないで、ただ自分のことばかりを考え、自分のためだけに時間を空費してしまうような態度は、男性にとっても女性にとっても、幸せな結婚への準備からは、最も遠いやり方だということを心に銘記しましょう。

○離婚の理由は本当に性格の不一致ですか？

日本においては、信仰が十分に理解されていませんので、離婚の理由に信仰の違いということがあまり聞かれません。そのほとんどは、性格の違いなどということを理由にしています。しかし、もともと赤の他人で育ちのまったく違う二人が、性格において違うのは当たり前のことです。違わなかったら、むしろ不思議なくらいですから、性格の相違ということは、実は離婚の本当の理由ではないはずです。性格の相違という隠れみのの陰に、別の本当の理由があるはずなのです。

実は、信仰の不一致は、離婚の理由になるくらい重大なことなのですが、その重大性は、ほとんどわが国では考えられていません。もちろん、初めからわかっていることであれば、このように重大な離婚の理由になることを避けるのは、賢明なことです。

信仰が自分の全存在を支えるものである以上、それとまったく同じ原理に生きている人を、自分の配偶者として選ぶことは、当然のことではないでしょうか。しかもその信仰も、キリスト信仰ということだけではなく、生きたキリスト信仰、自分と同じ質の信仰を持っている人を、自分の相手として考えるべきです。

○巡り会いの場

結婚する人々が、神によって定められている相手を、いったいどのようにして見つけだし、配偶者として決断したらよいのでしょうか。いい加減なところで自分の生涯の伴侶を見つけることができるというような不真面目さは、この際、厳に戒められなければなりません。

ある人は、憐憫《れんびん》の情を持って自分の配偶者を決めようとします。しかしそうした感情は、結婚に不可欠の愛とは違いますから、やがて心の変化とともに結婚は壊れてしまいます。感じやすい青年時代には、とかく相手の境遇に同情しやすいのですが、情に流されて自分の配偶者を決定してはいけません。

神によって定められた相手を見つけだすには、それにふさわしい場があるはずです。最も適当な場は、不真面目な場や、お互いに自分を飾り立てて、本当の姿を示すことのできないような場であるはずがありません。入場料さえ払えばだれでも入れるような場の多くは、結婚ということを真面目に考えるような雰囲気でないことがしばしばです。しかもお互いに顔見知りでない場合、真面目な結婚の問題を、何も飾り立てずに話し合ったりすることは難しく、つまらぬ雑談にふけることになれば、そのような中で相手を見極めることは不可能です。

男女共同で行われるスポーツや何かのサークル、共同研究を行うグループ、また、社会奉仕活動などは、そうした点では、いくらかまともであると言えるでしょう。お互いにかなり自然のままの姿を見せ合うことができますし、それぞれの性格を見ることがたやすいからです。また、兄弟姉妹の友だちなどと出会える家庭内の集まりなども、お互いに知り合うのには良い機会です。

しかしながら、男女の青年たちが自分の配偶者と巡り会うのに最も良い場は、何といっても教会です。この最も良い環境である教会以外の場所で自分の配偶者を選ぶということは、あまり賢いことではありません。しかも、それがクリスチャンである場合には、なおさらのことです。

○独身者がいなかったら？

それでは、もしも教会の中に自分の配偶者として適当と思われる人が見当たらない場合は、どうしたらよいのでしょうか。

例えば、クリスチャンの女性で、教会にいる男性はみんな既婚者であるという場合、教会内で相手を見つけることは無理です。ですから、教会以外で見つけなければなりません。

クリスチャンは男性にせよ、女性にせよ、どこにおいても魅力的な存在であるはずです。ことに女性の場合、ほかの女性より際立って魅力的なことが多いのです。そのため、職場の男性から目をつけられやすく、当然プロポーズされることもあるでしょう。その場合どうしたらよいのかというと、賢い女性はこのように答えると思います。


「私の生活のすべてを律している原理はキリスト教信仰です。それがどのようなものであるのか、教会へ来て、ご覧になってください。原理において一致していなければ、結局は不幸な結果を招くことになりかねませんから」


このように答えて、その人が教会へ来ようともしないのであれば、その人と自分とは一致することができないのだと思ってよいでしょう。もし教会に来ても、すぐに去っていくようなら、そのままにしておいたらよいでしょう。

しかし、教会へ来て関心を示すならば、積極的に自分の生活の原理について理解してもらうように努めることが大切です。

相手が男性である場合、教会の信頼できる男性に頼んで、話してもらうなり、友だちになってもらうようにするのがよいでしょう。このようにして、もしもその人が自分の生きる原理と一致したとき、初めてその人との結婚について考えるべきです。

しかしこのようなときにも、自分の配偶者として適当であるかどうかをよく考えるべきです。牧師先生や信頼すべき先輩や親兄弟の意見を聞くことは必要でしょうが、最終的に決めるのは、ほかのだれでもなく、自分自身なのだということを覚えていてください。

若いときは、まだ十分な分別もなく、世の中の経験も乏しいものです。ですから、このような重大な選択や決断を下すとき、自分の考えや経験などで決めるべきではなく、あくまでも信頼できる牧師先生や先輩たちの意見に耳を傾けつつ、信仰による決断を下さなければならないということです。

つまり、クリスチャンであれば、祈りつつ神の御心（みこころ）を求めなければなりません。そうでなければ、私たちは取り返しのつかない失敗をしないとも限りません。

真面目に結婚のことを考えるなら、恋愛遊戯はどうしても避けなければなりません。「戯《たわむ》れに恋はすまじ」と心に固く決意しても、一度、恋の炎をかき立てられた人は、容易に心を動かされやすいのです。しかしこれは、幸せな結婚には妨げとなるものです。

さらに言えば、結婚を目指していない男女二人だけの人目を忍んでの逢瀬《おうせ》の楽しみは、そこに大きな誘惑の手が潜んでいることを知らなければなりません。

男性であろうと女性であろうと、自分に思いを寄せてくれる人がいるということは嬉しいものです。しかし、実を結ばない行為は、必ず相手を傷つけ、特に女性を苦悩に沈めるというのが、お決まりの結末です。

結婚のために準備している男女は、自分が結婚という大事業に耐えられるよう人間修業をすることが肝腎です。つまり、利己心に打ち勝ち、相手をいたわり、仕え合うという信仰による修業を心がけたいものです。

三. 結婚への心構え

○婚約期間中にしておくべきこと

さて、いよいよ自分の配偶者となるべき人を心に決めたなら、ますます相互理解を深めるようにすべきです。婚約以前に信仰の一致や人生観について、よく検討しておかなければなりませんが、婚約期間には、なおこの点について、よく確かめるようにするべきです。

ただ愛情のやりとりをして終わってしまうようであってはなりません。

また婚約期間中は、お互いに自分の考えや将来の計画、家庭の運営などについても、意見の交換をし、ある程度まで一致しておく必要があります。しかしこうしたことも、実は婚約以前に一応しておかなければならないことだと思います。

二人がお互いによく理解し合うことが、この婚約時代には大事なことですが、それにはお互いによく会うことが必要です。その回数は、予定されている結婚までの期日によって異なります。期日が迫っているのであれば、しばしば会う必要があるでしょう。

しかしこの間、道徳的暗礁に乗り上げてしまわないように、ぜひとも注意していただきたいと思います。

この交わりにおいては、お互いに地を見せ合うようにすることが必要です。

この期間に何が話し合われるかによって、結婚生活の準備に有益かどうかが決定されてしまいます。

もしも、二人がいつまでも「愛している」と言ったことばかり話し合っているのだとしたら、この二人の将来には危惧の念を抱かないわけにはいきません。もう少し冷静になって、結婚に伴ういろいろな問題に触れ、それを誠実に語り合うことが大切なのです。

結婚生活を、公然と許された二人だけの快楽生活だと考える人は、やがて快楽につきものの倦怠《けんたい》感に襲われることでしょう。

結婚は現実の生活なのであって、それほど甘くはありません。甘さとともに苦しさも伴うものです。それを二人が一緒になって乗り切っていくためには、お互いに誠実でなければなりません。そして、お互いに神に祝福された素晴らしい家庭を築くことに支障が起きないように、助け合わなければならないのです。

結婚生活は、ちょうど二人三脚のようなものです。二人が心を一つにしなければ、二人とも倒れてしまうか、一歩も進むことができなくなってしまいます。

そのための心の準備をするのが婚約期間なのです。

お互いにいたわり合い、助け合い、自分を犠牲にして相手のために生きるという訓練が、婚約期間にできなければ、結婚してからできるわけがありません。

結婚は人生の大きな事業であり、そこには使命があります。その使命を果たしていくためにも準備をしておかなければなりません。

そして何よりも、結婚とは、生身の二人の人間が結ばれることなのです。育ちも性格も何もかも違う二人が一体となり、性の共同体を形造るためには、お互いにそれぞれ自分の利己的な生き方に終止符が打たれなければなりません。

つまり、信仰こそ結婚のための最善の準備なのだということを、すべての人が心に銘記してくださるようにお願いします。

　そうでなければ、結婚にまつわる悲劇は後を絶たないでしょう。

○結婚の三つの使命

　男も女も年頃になると、ただ結婚したい一心で結婚し、子供ができると無我夢中になって子供の養育に励み、やがて子供たちが一人前になって独立していくと、いったい自分たちは何をしてきたんだろうと考え込んでしまう人がいます。

　しかし、結婚には果たすべき三つの使命があるのです。

　そんなことを何も考えずに飛び込んでしまった人も、もう一度、結婚の三つの使命について考えてみる必要があるのではないでしょうか。それは、結婚した人たちが結婚の失格者にならないためにも大切なことだと思います。

　結婚には使命があり、結婚する人に使命が与えられているということは、それを与えたお方がいるということを意味します。

　そのお方、すなわち私たちの創造主であられる神が、二人を結び合わせられたというこの厳粛な事実の中に、神が結婚する二人に使命を与えられたことを知ることができるのです。

結婚に使命が与えられているという自覚は、二人に生きがいと強い使命感とを与えることでしょう。

結婚の使命は三つあります。それは、宗教的使命と社会的使命と個人的使命です。

宗教的使命とは、二人を結び合わされる結婚を意図された神の栄光を現すということです。どのようにして神の栄光を現すのかと言うと、結婚が意味しているキリストと教会の関係を、夫と妻との関係において追究し、「キリストに対する畏《おそ》れを持って、互いに相手を立て」（エペソ5・21）合うことによってなされます。夫と妻との関係がキリストと教会の関係に比せられているということ自体、結婚というものが、深く宗教的意味を持っていることを表していま す。このようになりますと、信仰を持っていない人が正しい家庭を形成することはきわめて困難だということになってきます。

○宗教的使命

夫と妻との関係は、どうあるのが正しいのでしょうか。

終戦までのわが国にあっては、夫唱婦随ということが言われました。夫が言うことに対しては、妻はいつも唯々諾々《いいだくだく》とそれに従うことが、婦人の徳（婦徳）とされていました。

かつて大正の末年に、普通選挙法が上程されたとき、もしも婦人に参政権を与えたら、夫婦げんかのもとになるというような暴論が吐かれたことがありました。夫唱婦随のみが婦徳と考えられた封建性の考え方により、そこでは婦人は一個の人格として考えられてはいなかったのです。

ですから、このようなあり方は、夫婦の正しいあり方であるはずがありません。

これはイギリスでの話ですが、あるとき、若い二人の男女が牧師先生のところへ来て、こう言いました。

「先生、私たちは結婚したいんです。私たちのために結婚式を挙げてくださいませんか」

牧師先生は、この二人の若い人たちと結婚のことについて話し合ったあと、結婚式のことについて話し、二人の誓約について説明しました。すると、突然その女性が牧師先生の話を遮るようにして、こう言いました。

「先生、この誓約はずいぶん不公平なんですね」

すると、牧師先生は申しました。

「それじゃ、この誓約はおできになりませんか」

「だって、ずいぶん一方的で、女性のほうは不利なんですもの」

その誓約は、夫となるべき人に対しては、「妻を愛しますか」という質問があり、妻となるべき人に対しては、「夫に従いますか」という質問があったのです。すると、牧師先生はその女性にこう言いました。

「そうですか。それなら、あなたがたは結婚なさらないほうがよいのではないでしょうか。もしも、あなたがご主人となるべき人を本当に愛しておられるのでしたら、従うことは決して難しいことではありませんよ」

確かにそのとおりです。教会がキリストに従うのは、決して奴隷的な服従ではありません。愛するがゆえに、人格的に服従するのです。それとちょうど同じように、キリストが教会を愛してくださるのは、人間的な愛や盲目的な溺愛ではなく、ご自分を犠牲にしての愛なのです。夫と妻の関係がキリストと教会の関係であるというのは、本来そのような神秘的な関係なのだということと同時に、キリストと教会との関係から、夫と妻のあり方を導きだすようにということなのです。そして、私たちが夫婦のあり方を真面目に正しく追究していくなら、必ずキリストと教会の関係という宗教的な奥義にいたることができるということでもあります。

そこで、もう一度、そのことについて教えている聖書の箇所を引用してみましょう。

「妻は、主に対するように、自分の夫に対しなさい。それは、キリストが教会の頭（かしら）であって、教会の救い主であられるように、夫は妻の頭だからである。教会がキリストに従うように、妻もすべてのことにおいて、夫に従うべきである。一方、夫は、キリストが教会を愛して、教会のためにご自分を犠牲にされたように、自分の妻を愛しなさい。キリストがそうされたのは、御言葉によって教会を洗い清め、聖いものとするためであり、また、しみもしわも、そうしたものが何ひとつない、聖くて傷のない栄光に輝いた教会を、ご自分に迎えるためである。ちょうどそのように、夫も自分の妻を、自分の体のように愛さなければならない。だから、自分の妻を愛する者は、自分を愛することにほかならない。」（エペソ５・22〜28）

○夫婦の身分は平等ですが、秩序が違うのです

夫が妻の頭（かしら）であるというのは、家庭の秩序においてです。

戦前の日本で、家庭において夫に妻が従わなければならないのは、夫のほうが妻よりも身分が上だったからですが、聖書の人間観においては、夫も妻も人間としてはまったく平等です。

ただ、秩序という点において異なるのです。

秩序とは、たとえそこに上下関係があったとしても、それは偉いか偉くないかという事柄で

はありません。現実においても歴然と明らかなように、機能における相違であって、夫婦はその秩序において異なるのです。

秩序というのは、私たちの体について考えてみるとよくわかります。目、耳、手、足を、それぞれ比べてみましょう。目は体の上部にあるから偉いけれども、足は下のほうにあるから劣っているなどと考える人はいないでしょう。それは、秩序において違うのです。目は見るという働きをしますから、体の上のほうにありますが、足は体全体を支え、移動させる働きをしますから、下のほうにあるわけです。

このように、秩序とは、偉いとか偉くないということとは、まったく無関係なのです。ですから、封建的な主従関係を表すのではなく、神の創造の神秘における秩序であると言ってよいのです。

神が人間を創造されたとき、神は女を男のふさわしい助け手として、男の脇から造られました。そのことについて記している創世記2章21〜22節の箇所の説明を、拙著『創世記（私訳と講解）』の中から、少し引用してみようと思います。

「女が男より造られたとき、神は妻となるべき女を、夫となるべき男を尻に敷く者としては造られなかった。女は男の頭からは造られなかったからである。また神は、夫が妻を踏みつけるようにと、足からも造られなかった。妻は夫の助け手となるために、女は男の脇（「あばら骨」と訳されている原語は、「脇」とも訳される）から造られた。妻は夫の良い友、愛すべきもの、保護すべきもの、夫を助けるものとして、夫の脇から造られたのである。したがって、夫は妻を愛し、妻は夫を支えるのが自然であり、本来そのように造られたのである。」

（エペソ5・33参照）

ここに、秩序における夫婦の位置というものがあります。これは、決して身分の上下ではありません。この二人の位置が、神の定められた家庭を通して、神の栄光を現すという宗教的使命の達成においても、そのほか社会的使命・個人的使命の達成においても、大いに必要なことなのです。

○社会的使命

さて次に、社会的使命について考えてみましょう。

今日、いったい世界には、どれだけ本当の意味での家庭が存在するでしょうか。

そもそも家庭とは、心の憩いの場でなければなりません。しかしそうした家庭がほとんど存在しないということは、夫婦の関係だけでなく、親子の関係も、兄弟姉妹たちの関係も、みな壊れてしまっていて、本当の人間関係が形成されていないということです。心と心の通い合う真の人間関係のできていない現代社会においては、みんながてんでんばらばらであり、そこには、醜く引き裂かれてしまった人間関係があるばかりです。現代人が耐えがたいほどの孤独感を味わっているのも、そのためです。家庭において本当の共同体が成り立っていないために、さまざまな悲劇が生まれてくるわけです。

家庭の基礎が夫婦であるということから、夫婦の間に真の人間関係が成り立ち、そこに共同体ができ上がっていれば、やがて家庭全体が一つの共同体になるのですが、最も基本的な夫婦の関係の中に、すでに愛と信頼が失われています。それは、夫も妻も、自分のことだけしか考えず、利己主義者になってしまっているからなのです。お互いに相手の立場など理解しようとはせず、自分中心に物事を考え、相手を自分に奉仕させようとばかり考えているのです。

夫婦というのは、お互いに奉仕し合わなければ、共同体を形造ることはできません。わがままに自己中心的な生き方をしていて、夫婦を固い絆で結ぶなどと考えることは、まったく現実に反します。

ですから、結婚する人は、利己的な自我が取り除けられ、相手を真に愛することのできる人に変えられなければならないわけです。そのためには、どうしても信仰による自己否定の生き方への方向転換が必要になってきます。

クリスチャンの家庭においては、本当の家庭とはどういうものなのかを、生活の実践で示していく責任が与えられています。そしてそこに、社会に対する大切な証しと使命があるのです。

家庭の真の倫理を確立し、それを社会に証ししていく使命があることを覚えたいものです。

○子供は作るものではなく、授かるもの

結婚の社会的使命には、もう一つの面があります。それは、子供の教育です。最近の夫婦の中には、子供を産みたがらない傾向がありますが、わが国の将来を考えたとき、もしも子供が生まれなかったら、人口は減り、働き手がいなくなり、まことに恐ろしい事態になることでしょう。

しかし、いざ自分の家庭のこととなると、子供はせいぜい一人か二人と考えている人が大部分なのではないでしょうか。

もちろん、欲しくても子供の与えられない家庭もありますし、一人が生まれたあと、母親の健康からそれ以上は望めない場合もあるでしょう。経済的な理由から、どうしても育てるのが

難しいという人もいると思います。

しかし、私がここで問題にしたいのは、産みたがらない人たちについてなのです。要は自分たちの楽しみを優先して、子供がいると時間やお金がかかってやりたいことができなくなると考えている人たちのことです。

このように、すべての動機がきわめて利己的であり、自己本位であるような家庭が、どうして社会において役割を果たすことができるでしょうか。家庭に課せられている社会的使命を果たしていくためには、子供のことを真剣に考えなければなりません。

子供は多いほうがよいのか、少ないほうがよいのかについては、一概に論じることはできません。子供を中心に考えてみますと、一人や二人で大事にされて育てられた子供よりも、多くの兄弟姉妹の中で、もまれて育てられた子供のほうが、ずっと他の人と協調的であり、利己的ではないようです。

しかし子供の人数は、人口の問題からも考えられなければなりませんし、家族の健康の問題、経済能力の問題、子供たちの教育の問題などからも考えられなければなりません。

ただし、決して忘れてはならないのは、自分たちで子供を作るという考え違いをしてはいけないということです。子供は、あくまでも神から授けられるものであって、夫婦が作るのではありません。どんな人でも、子供を自分が自由に作れると考えたら大間違いです。そうした考えが、子供を自分の思うがままに育てようという養育方針につながったり、平気で堕胎《だたい》を選択するという恐るべき殺人を犯しかねません。

子供の人数については、私たちはいつも神の御心に従った産み方をするということを考えなければならないでしょう。自分の欲望を満たすことだけを考えて——自分の立身出世や二人の快楽生活をいつまでも続けたいために——子供を産もうとしなかったり、逆に母親の健康のことも、経済生活のことも考えずに、ただ子供を産むというのでは、決して神の栄光を現すような生活はできません。

「家族計画」は、ただ単に子供の人数だけの問題ではなく、そこには数とともに質と、その生きる方向についても併せて考えなければなりません。結婚した一組の夫婦から、この家族計画によって生まれてくる子供たちをも含めたこの家庭が、ただ自分たちの利益や楽しみのためだけではなく、社会のために役立つ場になるように、そして神の御心がなされるということを目指していくべきです。

ただし、これは受胎調節のために中絶すること、つまり堕胎とはまったく別のことです。

堕胎は、明らかに殺人行為なのだということを覚えていただきたいと思います。

胎児は、受胎したそのときから、もはや物でも母体の一部でもありません。それは、独立した一個の人間の命なのです。

ですから、どうしても堕胎しなければならない場合とは、子供の命と母親の命とがはかりにかけられ、母親か子供かのどちらかの命が失われなければならないときに、初めて許されることなのです。しかもそのときでも、良心的な決断、すなわち、神の御前で、神に対する責任においてなされなければなりません。

私たちが限界状況の中での最善策だと考えた場合でも、なお私たちの判断には誤りがありうるのですから、このときにも罪を赦してくださる神への服従と信頼がなければ、決断できるものではありません。そしてこのようなときにも、新しい命を生かすために、母親として自分を犠牲にする信仰者がいることも決して忘れてはなりません。

妻は堕胎をしたくないと思いながらも、夫の強い要請で、しなければならないという夫婦に、時としてお目にかかることがあります。このような人生の大事な問題について、根本的なところで意見が一致していなければ、とんでもないことになるわけで、生活の原理における一致・人生観における一致が強く望まれることになるわけです。私は、こうしたことから、信仰による一致以上に素晴らしい家庭はないと確信しております。

堕胎をしたことによって、長らく良心に傷を持ち続ける婦人に、時としてお目にかかることがあります。心の傷を癒すことのできる唯一のお方の御前へおいでください。そして、主の限りない赦しの中で、永遠の平安を与えられるようにお勧めいたします。

○子育てにおける父親・母親の責任とは？

さて、ずいぶん横道にそれてしまいましたが、本筋へ戻して、子供の教育について考えてみましょう。

子供の教育については、第一に親に責任があります。教育というと、すぐに、いわゆる知的な技術の習得、つまり、勉強のことだと考える人がいるかもしれませんが、ここでは、本来的な意味での教育について考えています。

「私の教育方針は、放任主義でして……」などという人がいます。しかし、教育の放任主義とは何のことでしょうか。それは、教育について、何の責任も負おうとしない無責任のことにすぎません。ですから、教育に責任を負おうとしている人が、このようなことを口にすることはありえません。

子供というものは、ごく幼いときから秩序の整った、清潔な環境の中で育てられ、食事や遊戯や散歩や休息などをきちんきちんとしますと、その子供は大きくなっても、自分の生活のふしだらさに我慢ができなくなります。それに反して、もしも子供を甘やかせすぎたり、気まぐれやわがままを通させたりしますと、愛や誠実に対して耳を貸さなくなり、結婚でも職業でも自分のことしか考えない手のつけられない利己主義者となってしまいます。

ですから、子供はごく小さいうちからわがままを抑え、好き勝手なことをさせず、お菓子やおもちゃはみんなと仲良く分け合うように、しつける必要があります。

将来、自分の子供に愛と誠実の真の能力をつけさせようと願うなら、そうしなければなりません。そしてそうでなければ、その子供は、社会に何ら役立たないどころか、かえって害を与えないとも限らないような人間になることを覚えてください。

今日の心理学が裏付けていることは、三～四歳ぐらいまでの間に、その人の人格の方向はほぼ決定してしまうということです。いわゆる「三つ子の魂百まで」といった古人の言葉が、そのまま当てはまると言ってよいでしょう。そのことを、果たして今日どれだけの人が真面目に考えているでしょうか。

この間の保育のほぼ九割の大きな役割を担うのは、何といっても母親です。子供を一歩一歩、清潔・貞潔・誠実・愛の実践に慣れさせるのも母親です。告げ口を黙らせ、嘘《うそ》つきをしかり、ふてくされを直し、虚栄心を慎ましやかにし、けんか好きに克己心を持たせ、乱暴に騒ぎ回る子に秩序整頓《せいとん》を教えるのも母親です。特に子供の魂に崇高《すうこう》な目標を与え、敬虔《けいけん》な信仰を起こさせ、祈ることを教えるのも母親なのです。

最近では、人工栄養で育てる人が増えてきましたが、せめて授乳時だけは、すべてを忘れ、一心に母親の愛情を注いでほしいものです。このころは、母親の愛情を皮膚で感じる時期ですから、暖かい肌のぬくもりで、愛情を込めたしぐさを示してやるのがよいでしょう。頬と頬をくっつけて、その子の将来のために祈ることは、特に大切です。そうしてやることが、その子供の生涯にきわめて大きな影響を与えるということを覚えてください。

ですから若い女性は、良い母親になるために現在の信仰に励み、信仰を深めることに意を用いるべきだと思います。

ところで、父親は子供の教育に何の役割も果たさないと考えてはいけません。多くの父親は、自分の仕事のことに熱中して、飯代稼ぎにしか関心がないようですが、それと同時に、子供たちの教育者という重大な使命があるのです。

父親が子供の教育に何らかの役割を果たし始めると、教育は、母親一人の場合よりもはるかに効果的になってきます。そのとき、父親はそれもまた一つの重要な社会的奉仕なのだということを覚えることが大切です。子供の教育を、決して私的なことと考えてはなりません。それは、公的なことであり、社会的に責任を果たすことなのです。

そういうわけで、男性もまたそのための準備をしておくことが必要です。青少年の指導をするような働き、例えば、教会学校の教師の経験などは、父親になったときに大いに役立ちます。

子供の教育は、自分の子供はもちろんですが、広い意味で子供たちのための教育について考える必要があります。それは、青少年を指導する働きのことであり、それに携わることはとても重要です。つまり、次の世代への責任を果たすことでもあるわけです。

○個人的使命

さて、すでに結婚の二つの使命、すなわち宗教的使命と社会的使命について述べましたので、最後に、個人的使命について述べたいと思います。

個人的使命とは言っても、それは決して私的なことだと言うのではありません。むしろ、もっと適切な言葉を使えば、夫婦のお互いの啓発と言ったほうがわかりやすいのではないかと思います。しかしここで、個人的使命という言葉を使ったのは、そのことが、ほかの二つの場合と同様、使命なのだということを覚えたいからなのです。

前にも申しましたが、使命には、必ずその使命を与えるお方がおります。

結婚は、決して人間が作りだしたものではなく、夫婦で勝手に考えだしたものでもありません。神がそのように定められたものですから、使命を与えられるのも、当然神であると言うことができます。

また使命は、その目的を任意に選ぶことができるというようなものではなく、それを定められた御方によって与えられているものなのです。

結婚について言えば、その与えられている目的を達成することが使命なのであり、それが三つに分けられ、宗教的使命・社会的使命・個人的使命と呼ばれるべきものなのです。そうした意味で、私たちはこの三つの使命について、いま考えているのです。

それでは、三番目の使命、つまり夫婦の相互啓発について考えていきましょう。

これは、先の対神、および対社会のものに対して、夫婦自身のためのものですから、対自的であり、個人的使命と呼ぶのが適切だろうと思います。神は、私たち男性も女性も、それだけでは不完全であり、二人が結合することによって、お互いに啓発し合い、お互いに他を補い合うようにされました。

「それじゃ、何も結婚しなくても、一人の男と一人の女が一緒にいれば、それでよいのではないか」と考える人がいるかもしれません。しかし、正式に結婚をしないで、ただ同棲している男女の間に、お互いに啓発するというようなことが起こりうるでしょうか。作家や俳優の中には、そのことを通して、自分の技量の助けになる場合もありますが、やがてそうした同棲生活が破れ、この不自然な世界に終わりを告げなければならないときがやってきます。

男女が、全人間的に（心も体も）結合する様態は、結婚を除いてはありえないのです。それは、式を挙げて一緒になったかどうかという形式の問題なのではなく、神がその男女を一つに結び合わされたかどうかの問題です。

ここにも、人間の宗教性を知る一つの手がかりがあるように思えてなりません。神なしに二人が結ばれることの不安さ、後ろめたさは、どうしても否定できない事実ではないでしょうか。これがまた、動物と人間が異なっている点であるとも言えるでしょう。

動物の場合、雄と雌がふとしたことから同棲したとしても、それは何の咎《とが》め立てもなされません。しかし人間の場合、決してそれと同じではないのです。そこには、結婚という大事な問題があるからです。

○相手を自分のように愛する

結婚生活というものを、公認された男女間の快楽生活というように考えてはならないということは、すでに述べたとおりです。もちろん、結婚生活が何から何まで苦悩の連続であるはずはありません。だからといって、くる日もくる日も、二人っきりの楽しみにふけっている生活と思い違えてはならないのです。そのような自己中心的な考え方ではなく、むしろ結婚においては、お互いの幸福を実現することを目指して、お互いに仕え合うということがなされなければならないはずです。

私たちは、生来、自分中心にものを考える者たちですが、人間として生きるためには、それではだめなのです。ほかの人を、自分を愛するのと同じように愛さなければなりません。そうして初めて、正しい人間関係が成り立つのです。

そして、その正しい人間関係を成り立たせる最も基礎的な、また身近なところこそ、夫婦であるはずです。お互いに身も心も素っ裸になって、全人間的に触れ合うところにこそ、正しい人間関係を成り立たせなければならないわけです。

そこで、夫婦のあり方の原型の意味を持つものとして、私たちは、お互いに愛する人の幸福実現に努力していきたいものです。

そのためには、お互いに自分を相手に与え合わなければなりません。しかしながら、自分の快楽追求だけを考えている人が、どうしてお互いに自分を相手に与えることができるでしょうか。

「お互いに愛する」と言っても、実はその愛がどのようなものかをよく知っておく必要があるでしょう。

たとえば、一方は相手を一個の人格を持った者と見て、その存在自体を価値あるものとして尊ぶけれど、他方は相手を自分の快楽追求のための道具・手段、つまり物としか考えていない場合、一見、同じく愛しているように見えても、この両者は、質的にまったく別物なのです。

一方は相手の幸福を願い、他方は自分の幸福だけを願っています。一方は、人間同士が結婚することを真剣に考えているのに、他方は、一緒にいたとしても、心はばらばらなのです。当然のことながら、結婚とは決して後者ではなく、前者でなければなりません。

結婚して、しばらくの間は、お互いに我慢していますから、お互いの良いところしか見えません。しかし、半年たち、一年がたつうちに、やがて地が出てきます。

そのころには、もう遠慮も会釈もなくなっていますから、ますますお互いが鼻についてきて、臭気芬々《しゅうきふんぷん》とした相手に、もう我慢ができません。結婚早々の熱は冷めてしまい、お互いへの愛情も尊敬も失せ、やがて生まれてくる子供への期待があるばかり、というようなことがよくあります。

そして大部分の家庭では、子供が生まれると同時に、夫に対する妻の愛情は、たいていの場合、子供に乗り換えられてしまいます。ほかの男にではなく、子供に乗り換えられた妻の愛情に、いかなる夫も寂しさを禁じえないわけですが、かわいらしい赤ん坊の出現に、父親となった喜びを味わうこともまた事実でしょう。

ことに母親となった妻の場合、夫に裏切られた期待を、子供に向けることも多く、それは逆に、夫などどうでもよいと言わんばかりのしぐさにもなりかねません。

夫によって満たされなかったものを、子供に向けようとする妻は、自分では正当防衛のつもりで、特別に深く考えるところがなかったとしても、やがて夫婦の間に深い溝ができてしまっていることに気づく日がやってくるでしょう。夫は満たされぬ不満のはけ口を、家庭外に求めようとするかもしれませんし、そうでなくても、夫婦の間には取り返しのつかなくなる大きな溝ができていることは事実です。

○家庭で何より大切なのは「夫婦」

このようにして、子供に望みと期待をかけた母親は、やがてその子が独立して自分の家庭を持つようになるときに、夫がなお健在であるなら、そこにはやはり夫婦だけが残されていることに気づかされるでしょう。たとえそのとき、夫はすでにこの世にいなくても、一人前になった子供と自分は離れるのだということを知らなければなりません。

聖書は、あくまでも家庭の基礎を、親子にではなく夫婦に置いています。そしてそれこそ、最も現実的な見解ではないでしょうか。

家庭の単位は、あくまでも夫婦なのです。子供は成長して一人前になり、独立するまでは、親に属するものとして、親の家庭の中に留まっております。しかし、独立すれば、新しい家庭を築いて別れるのです。

ところが、家族制度ということが今なお頭の中にある人たちは（家族制度は、封建的な旧憲法下においての制度で、たとえば、君臣・父子・夫婦・長幼・朋友の五倫に見られるような儒教的な上下関係によって律せられたものです）、親は将来は子供の厄介になれるものと思っているのですが、そのようなことが少しも念頭にない若夫婦によって、老人ホームなどに入れられてしまい、驚きあわてるようなことが起こりかねません。

ここで私が言いたいのは、家庭において大事なのは夫婦なのだということです。夫婦の関係をいい加減にして、親子に走るのは間違いです。親子の関係はもちろん大事なのですが、それは決して夫婦の代替物にはなりえません。

親子の場合は、子供がある年齢に達するまでは、子供は割合に親の言うとおりになります。それだけに、そうした親子の関係では、人間対人間の真の交わりとは言いがたいのです。相手も自分も意思を持った人間である場合、つまり夫婦の関係においてのみ、真の意味での人間関係が生まれてくるわけで、お互いに磨き合う啓発が起こってくるのです。

○お互いの啓発に不可欠なものは何でしょうか？

それでは、私たちはどのようにしてお互いに啓発し合っていったらよいのでしょうか。

まず、結婚が一人の男と一人の女との全人間的共同体なのだということを、よく知るところから始める必要があります。

夫婦は共同体なのです。ですから、お互いに自分にとって益になるものだけを利用しようというのであれば、それは共同体ではなく、利害によって結ばれている利益社会にすぎません。利益社会においては、利害関係が一致しなくなれば、そこには目も当てられないほどの分裂があるだけです。最後には、別れにいたります。

しかし共同体というのは、シンプルに言えば、「生を共同に営みうる場」のことです。夫婦は共同体を形造るために、神によって結び合わされた男女のことなのです。人間と人間との結びつきにおいて、全人間的に、素っ裸で行われるもので、夫婦のごときものはないでしょう。私たちは、夫婦以外の間において、この全人間的な結びつきが最も自然に行われるところを知りません。

ですから、夫婦の間において本当の全人間的な結びつきができないなら、どうして他の人との間に真の人間的交わりが成り立ちうるでしょうか。

夫婦は、人生における最も良い友だち同士なのです。

ですから、当然二人の交わりをとおして、お互いに啓発し合うということが起こるはずです。これは、お互いの考え方・生き方が相手に及ぼす影響によるものですが、真実の愛なしには行われえないものです。自分の考え方や意見を相手に押しつけ、相手を自分の意思に従わせることではないからです。

私たちは、夫婦生活を通して、相手の立場に立って物事を考えることを学びます。

自分の考えや意見だけが絶対的に正しいと考える人は、いつも相手を自分の意見に屈服させなければ気が済まないものですが、多くの場合、自分の考え方が自分の立場と無関係でないことがわかりますと、相手の立場に立った温かい愛情を持つことが相手を本当に理解するためには必要なのだとわかってきます。この世のことのほとんどは、相対的なもので、自分の考えも決して絶対的なものではありません。

相手の立場に立って物事を考えることは、決して生活の知恵などという一種の技術なのではありません。技術ではなく、私たちの全生存を懸けることによって初めてできることです。

そしてそれは、自分の力でできるものではなく――技術ではないのですから――神の力によって初めてできる事柄なのです。

つまり、信仰なしには不可能だと言わなければなりません。

○一個の人格と一個の人格の全存在を懸けた交わり

私たちは、書物を通し、教師を通し、また自分で考えることによって、いろいろなことを学んできました。しかし、それらのことだけでなく、具体的な体験を通しても、人生の種々の事柄について学んできたわけです。

そして、一個の人格と一個の人格との全生存を懸けた交わりを通して、私たちはまた、多くのことを学ぶのです。

もちろん、教育というものも、一個の人格と一個の人格との触れ合いをとおして、人格の形成が行われていきます。それは、教師と学生、親と子の間に見られます。しかしこれらは、一方がすぐれた地位にあって、もう一方を教え導いていくという関係にあります。

一個の人格ともう一個の人格とが、人間として平等の立場に立ち、お互いに心の深いところで結ばれる場合、普通そこに友情が生まれるわけですが、全生存を懸けての交わりは、夫婦以外にはないはずです。良いところだけをお互いに見せ合うのではなく、全生存を懸けて交わるということは、夫婦の間以外のところでは、決して起こりえないものです。

そうなりますと、私たちは夫婦の交わりを通して、お互いに啓発されるということの重要性について、もう少し深い認識が必要ではないかと思います。

仕事上における良い友という関係があります。その人とは、仕事のうえのことなら、お互いに隠しだてをせず、素っ裸になって交わるでしょう。しかし、その人の個人的問題は、実はそこでは不問に付されています。それでも、仕事上はいっこうに差し支えありません。学生時代の友にしても、やはり同じようなことが言えるでしょう。

ですから、私たちが全生存を懸けてお互いに素っ裸でぶつかり合い、交わり合い・それによってお互いに啓発し、隠れた特性や才能を引き出していって、お互いを益するのは、ただ結婚によって結ばれている夫婦においてのみだと言ってよいでしょう。

ある夫婦は、いかに早く相手をあきらめさせるかを考えているそうですが、そうした夫婦は、結局、結合ということはありえず、お互いがばらばらなのです。

結婚というのは、二人がそれぞれに自分の考えていること、やりたいことをそのままやっていくという考えとはまったく違った、二人の結合によって、新しい一人の人格を生みだしていくことなのです。

二人はとことんまで話し合うことが大切です。夫婦の間に意見の違いのあることは当然のことです。まったく違った生い立ちをしてきた二人が、何から何まで同じ意見しか持ち合わせていないとしたら、それは、故意に一方が他方に意見を合わせているのか、さもなければ、自分の意見を持っていないかのどちらかです。それは、かえって悲しむべきことで、そこには一方的な依存が見られるだけになってしまうでしょう。

夫婦の間には、必ずと言ってよいほど、意見の相違があるものです。それを話し合いによって調整することが大切です。「問答無用」として、途中で話を打ち切ってしまったり、かよわいものを暴力によって従わせようとすることが決してあってはなりません。けれども、何から何まで意見が違うとは言っても、その根本のところにおける一致はきわめて大切なことです。つまり、生活の原理は、少なくとも最初から一致していなければなりません。そのことをいい加減にしておいて、夫婦の一致とか、相互の啓発ということは、決して起こりえません。

ですから結婚に際しては、どうしても二人の生活の原理の一致が必要です。

○愛によって仕え合いましょう

日本においては、結婚する場合、信仰の一致ということを問題とする人は少ないですが、これは二人の生活の原理の一致の重要性を知らないことと、信仰によって生きている人が少ないからだと思います。信仰の一致は、結婚におけるどうしても不可欠の条件なのです。

信仰の一致とは、ただ単にキリスト教信仰ということだけでなく、信仰の中身における一致です。信仰の中身における一致がなければ、結局、二人の共同体生活を律する原理に一致がないことになってしまうからです。

二人の共同体生活を律する原理に一致があったとしても、細かなことについては、種々の意見に分かれることがあります。ことに、私たちはそれぞれ育ちが違いますし、教育や環境が違います。私たちの考え方は、そうしたものと不可分ではありません。

しかも、私たちの考え方は、いつもあらゆる点で首尾一貫性を持っているとは限らず、原理は聖書に立っていたとしても、細かなことになると、しばしば異教的な考え方が入ってくることがないとは言えません。ですから、二人でよく話し合うことが必要なのです。そして、お互いに納得できるまでよく話し合い、共同体の意見を形造ることが大切です。

心の共同体、知性の共同体というものがあるということを、私たちはまずよく知るべきです。それから、財産・肉体の共同体ということが起こってきます。

結婚しても、いつ離婚してもいいような状態を作っている夫婦がいます。たとえば、それぞれの財産を自分の名義で登記したりする人の中には、そうしたことを考えている人もいます。しかし、財産も、物も、肉体も、共有なのです。相手の許しなしに自分一人で、それらのものを勝手に使うべきではありません。

肉体的結合を、自分の性欲の悦楽としか考えない人は、結婚における夫婦の結合の深い意味を見失ってしまっています。

夫婦は、知的・道徳的な面でだけ結びつくのではなく、全存在において結びつくのですから、当然、肉体的・感覚的な面においても結びつきます。しかしそれは、相手を自分のものにしようとか、相手を自分の快楽の道具と考えるのではなく、相手を愛し、自分を相手に与えようとすることによって、二人が結合し、お互いに相手を啓発しようとするのです。

つまり、二人の肉体的結合は、所有や征服や獲得のしるしとしてではなく、相手に自分を与え、相手を幸福にしようと願う意欲の表れとしてなされるときにだけ、積極的・建設的な意味を持ってきます。

これは、愛によってのみ可能なことなのです。

夫婦は、それぞれ男性・女性の異なった性格、心理の特徴を持っておりますので、お互いに愛によって仕え合うときにのみ、美しく健全な共同体としての家庭を形造ることができます。夫婦の相互的啓発という使命を私たちに与えてくださった神は、私たちが結婚を通してその豊かな泉から神の恵みを汲みだすようにと願っておられます。

私たちは、結婚が快楽の泉を規則的に汲みだすことであるとか、他人のものを良心的に汲み取ることだと考えず、全生活の共同体において、喜んで相手に与えるとともに、謙遜に相手から受け取ることであることを学び、それを実行するようにしたいものです。そうするとき初めて、夫婦相互間における啓発が私たち結婚者に与えられている一つの使命だと悟ることでしょう。

第七章　あなたの人生、今からでも遅くない

この原稿を書いてきて、ある方に読んでいただきました。

そのとき、その方は、こんなことを言われました。

「もっと若いときに読んでいれば、私の人生はずいぶん違ったものになっていたのだと思います」

その一言に、私は書き忘れたことがあることに気づかされました。

この本を読む人の中には、そういう感想を持たれる方が少なからずおられるはずです。その人々に対する配慮が少しもなかったことに、私は著者として、恥ずかしさを感じないわけにはいきませんでした。

汚れてしまった自分の人生を、やり直すことはできないのか、という切なる求めに対して、私は答えなければなりません。

すべての人が若いうちに、ここで私が書いておいた、聖書が教える性について知っているわけではありません。そのため、神の御心に反する過ごし方、性の使い方をしてきてしまったわけです。もっと早くこのことについて教えられていたらバツイチにならないで済んだという、後悔にも似た思いを抱かれる方もあるだろうと思います。

そういう人々に対して、聖書はどのように教えているのでしょうか。

一度失敗をしたら、その人の人生はそれでおしまいというのは、聖書の教えではありません。どんな人でも失敗はあるものです。失敗をしない人など一人もいません。それが聖書の人間観です。

聖書は、人間を罪人《つみびと》と呼びますが、それは、この世の法律に違反した犯罪者という意味ではなく、すぐに失敗をしてしまう人間という意味です。

いくら失敗をしても、その失敗を正直に認め、悔い改めるなら、神は赦《ゆる》してくださいます。

今までの自分の人生がどんなに汚れ果てたものであったとしても、その失敗を認め、聖《きよ》く正しい生活に入りたいと心から願うなら、神はあなたの願いを受け入れてくださいます。

あなたが今何歳であろうと、遅すぎることはありません。神が私たち人間のために、用意してくださっている素晴らしい生き方は、それが結婚であろうと、また独身であろうと、そういう人生を生きることは、今からでもできるのです。

私は、幸いにして、酒やタバコの味を覚える前にクリスチャンになり、結婚についても聖書から教えられましたので、神に祝福された結婚をすることができました。

もうかれこれ六十年になります。五人の子供が与えられ、この五人の子供たちもそれぞれ家庭を持ち、信仰を継承し、神の祝福の中に生かされております。

すべての人が若くしてクリスチャンになり、聖書の教えどおりに結婚し、家庭を持つとは限りません。そのような人々はもうだめなのか、神に祝福された人生を送ることはできなくなってしまうのかと言うと、決してそんなことはありません。人生、何度でもやり直すことができるのです。

自分でだめだと決めつけないでください。神があきらめておられないのに、私たちが自分勝手にあきらめてしまってどうするのですか。

神は、あなたにも祝福された結婚生活を送ってほしいと願っておられます。この神のご期待に対して、ぜひとも応えてください。

神に喜ばれる人生こそ、神が私たちのために、永遠の先から用意していてくださった人生です。

今までの人生がどんなに自分勝手で、汚れていたとしても、今からそれをやり直すことができますし、神はそれをどんなに願っておられることでしょうか。

神は、あなたの人生に対して、大きな関心を持っておられます。

ですから、今からでも新しい人生への挑戦をしてください。必ず素晴らしい人生が待っています。遅すぎないためには、そのことに気づかされた今、それをすることが大切です。

あなたのために素晴らしい人生を用意していてくださる神を信頼してください。

おわりに

この本を読んでくださった方が、何ために自分は男として生れ、女として生れてきたのかということについて、正しい理解をしてくださり、どんどんよい家庭が生れていくことを願っております。今日、わが国では、女性が一生の間に産む子供の数は一・三人だということです。もしも二人であったとしても、その人が結婚するまで生きているとは限らず、また、生きていたとしても、結婚するとは限らないことを考えれば、わが国の人口は減りこそすれ、増えることはありません。それなのに一・三人なら、わが国は百年そこそこで絶滅してしまうと、その道の専門家は警告を発しております。

性は、ただそれを楽しむためだけにあるのではありません。結婚して家庭を造り、子供を産み、良い家庭が生れていく時にだけ、社会は安定し、国は栄えるのです。神は、そのことを願って、私たちを男とし、また女として生れるようにされました。ですから、もう一度、そのことを正しく受け止めて、生きてくださるように願ってやみません。

私は今回、「性（セックス）について本当のことを知りたい」と同時に、「死後のことについて本当のことを知りたい」と、「キリスト教について本当のことを知りたい」を書きました。関心をお持ちの方は、これらの本についてもご覧くださることをお薦めいたします。

性（セックス）について本当のことを知りたい

2015年２月１日　初版発行

著　　者　　尾　山　令　仁
編　　集　　株式会社ミリオン・スマイル
発　　行　　羊　群　社
〒176-0012　東京都練馬区豊玉北1-12-3
tel/fax　03-5984-3577
e-mail:yogunsha@vesta.ocn.ne.jp

ISBN978-4-89702-046-4
印刷・製本　日新印刷株式会社
落丁・乱丁本はお取り替えいたします。

尾山令仁によって訳された聖書

聖書（現代訳）（第十版）Ｂ６サイズ

四三〇〇円（本体価格）

従来、聖書はなかなか難しい書物であると思われていたが、この聖書は、読むだけで分るように訳されている。それは、原文の言わんとしていることが私たち日本人にもよく分るように訳されているからである。三浦綾子さんも推奨しておられる。この聖書を読んで、聖書の意味がよく分ったという読者からの手紙が多数寄せられている。

尾山令仁による著書

聖書講解シリーズ分りやすく、しかも奥深い真理を提示していることで定評がある。

創世記

旧約聖書の冒頭にある「創世記」の私訳と講解書。この本は、単なる注解書とは異なり、創世記を通して現代の私たちに語りかけている神のメッセージを説いている。著者十余年の苦心の著作。

4854

出エジプト記

「創世記」に続くモーセの五書の第二巻目の「出エジプト記」の私訳と講解書。イスラエルの民の出エジプト、過程、および十戒について、明快に解説されている。旧約における大切な書物の一つについての解説である。

品切

マタイによる福音書

新約聖書の冒頭にある「マタイによる福音書」の講解。イエス・キリストとはどういうお方で、どういうことをなさったのか。山上の説教、奇蹟、十字架、復活などについての正しい意味を力強く解明している。

上 4000
下 品切

ルカによる福音書

「ルカによる福音書」の講解。この福音書は、他の福音書より詳しく述べているところが多い。その視点も違い、主イエスが重要な場面でよく祈っておられることを記している。深い洞察と解明が見事である。

5238

ヨハネによる福音書

「ヨハネによる福音書」の講解。他の三つの福音書と異なる観点から、キリストの言葉、教え、奇蹟や出来事を記している。イエス・キリストは何を教え、何をなさったのか、注意深く考証されている。

4369

税抜価格

書名	内容	税抜価格
使徒たちの働き	福音書に続く「使徒たちの働き」の講解。初代教会の人々が、どのように生き生きと信仰生活を送り、主をあかししていたかということについて、実に絵画的に解説している。信仰を燃え立たせてくれる書物である。	上 品切 下 4000
ローマ教会への手紙	パウロの手紙である「ローマ教会への手紙」の講解。パウロの信仰、キリスト教の教理について順序立てて解説しているこの手紙の一字一句を深く学ぶことができる。著者の出版百冊目の記念図書。	3689
ガラテヤの諸教会への手紙	パウロの手紙である「ガラテヤの諸教会への手紙」の講解。研究ノートが注としてつけられており、注解書としての役割も果たしている。ガラテヤの諸教会に侵入してきた異端に対するパウロの気迫が私たちにも響いてくる。	品切
エペソ教会への手紙	パウロの手紙である「エペソ教会への手紙」の講解。研究ノートが注としてつけられているので、注解書としての役割も果たしている。パウロの教会論が、この本を通して私たちにも伝わってくる。	3800
ピリピ教会への手紙	パウロの手紙である「ピリピ教会への手紙」の講解。研究ノートは注解として大きな助けとなる。パウロが獄中から書いた「喜びの手紙」の真意がこの本を通して、非常によく伝わってくる。	2500
コロサイ教会への手紙	パウロの手紙である「コロサイ教会への手紙」の講解。研究ノートは注解として大きな助けとなる。パウロがこの手紙の中で説いているキリストの奥義について、この本はよく解説してくれている。	品切

ヘブル人クリスチャンへの手紙

ピューリタンの偉大な指導者ジョン・オウエンが、「ローマ教会への手紙」に次ぐ重要な手紙であると言った「ヘブル人クリスチャンへの手紙」の講解。これを通して、深い霊的真理を知ることができる。

2500

テサロニケ教会への手紙

パウロの手紙である「テサロニケ教会への手紙」の講解。いつも喜んでいなさい。絶えず祈りなさい。すべての事を感謝しなさいと勧めている書。誰もが輝いたクリスチャンライフを送るための秘訣を明確に分りやすく教えてくれる一書である。

2800

ヨハネが受けたキリストの啓示

この世の終りに起ることについてキリストから啓示されたことを記しているものについての講解。ローマ帝国の迫害下にあったキリスト教会を慰め励ますため、教会の勝利が啓示されている。

1500

聖書の概説

聖書だけを読んでも、どうもよく分らないと言われる。そういう人々のために、聖書の内容を、歴史的な順序に従って、分りやすく解説した、聖書を読みたい人への最もよい入門書。信者にも未信者にも向く。

改訂版
近日発売
3000(予定)

聖書の教理

聖書の教理を知っておくことは、信仰生活において、極めて大切なことである。すべてのクリスチャンがこれだけは知っておかなければならない聖書の根本的な教理を、八章に分けて説いている。

3000

愛と真実のことば

著者がその折々に書いた信仰の寸言集。安富邦子さんの美しい挿絵とともに、悩みの中にいる人、苦しみの中でうめいている人々に、慰めと励ましを与える。三浦綾子さんも「これを座右に置いて日々味わいたい」と言っておられる。

第1 品切
第2 品切
第3 2000

日本人とキリスト教の受容

日本人が外来の思想や宗教を受け入れた時、どのような受け入れ方をしたかを見、日本人と最も近い韓国人はキリスト教を受け入れ、日本人はなぜ受け入れないできたのかを考えた日本の伝道のために必読の書である。

2000

ほんとうの祈り

信仰生活にとって欠くことのできないものの一つとしての祈り。熱心に祈っているのに独り言を言っているようで空しい、力が得られないというクリスチャンの方々に、ほんとうの祈りをささげることができる助けとなるように書かれた書物である。

1456

生きて働かれる神

神は今も生きておられる。そして信じる者たちのうちにあざやかに働き、みわざをなしてくださる。この本は、著者のうちに働き続けてくださった、目覚ましい神様の御業についての生々しいあかしである。

1000

死後のことについて本当のことを知りたい

人間はだれでも死ぬ。そしてその死についての恐れを皆持っている。なぜなのか。どうしたらその恐れから解放されることができるのかについて、分りやすく聖書に基づいて解説している。

1500

キリスト教について本当のことを知りたい

キリスト教について外面的なことをいくら知っても、キリスト教については何も知らないのと同じである。キリスト教の本質について教えているのが本書である。本書はベストセラーとして、多くの人に読まれている。

1800

税抜価格